天下文化

BELIEVE IN READING

謝詞

敬以「台灣軟實力之島」套書　獻給

(1) 雙親：戰亂中從未使孩子們輟學過；又以一生退休金，購得單程機票，送他的孩子赴美讀書。

(2) 家庭：內人麗安與二個孩子兆均、兆安，全心支持我在世界各地的教學與調研。

(3) 大學時代（1953-58）老師：徐復觀、張研田、劉道元、陳越梅。

(4) 美國讀書與教書（1959-2000 年代初）的師友們，感謝從略。

(5) 台灣（1969 年後）使我受益的首長及師友：
- 李國鼎、郝柏村、許歷農、趙耀東、連戰等；
- 星雲大師、于宗先、孫震、許士軍、王建煊、陳長文、李誠、姚仁祿、林祖嘉等。

(6) 四十年來一起推動出版媒體事業的：張作錦、王力行；及工作伙伴楊瑪利、林天來、許耀雲、楊慧婉等。

高希均

2024.2.1 台北

編按

本書第三版增訂如下：

（一）中文人名索引

（二）英文人名索引

（三）彩色頁新增標題

（四）以上增修，請詳見目錄

三處「高希均閱讀室」

圖 1：國立中興大學「高希均知識研究室」（2014 年 12 月 26 日）。

圖 2：上海交通大學李政道研究所「高希均閱讀空間」揭幕（2023 年 5 月 22 日）。

圖 3：國立臺北商業大學「高希均書房」（2022 年 12 月 17 日）。

獲頒榮譽博士學位

圖 4：2022 年母校國立臺北商業大學頒贈名譽博士學位，由張瑞雄校長頒授。

圖 5：2013 年亞洲大學頒贈榮譽博士學位，由蔡長海創辦人與蔡進發校長頒授。

圖 6：2014 年母校國立中興大學頒贈榮譽博士學位，由李德財校長頒授。

重要的良師與益友

圖 7：2019 年 03 月 31 日馬英九前總統出席「遠見 · 天下文化事業群」所舉辦的「理性思考與公共決策論壇」，與諾貝爾經濟學獎得主康納曼（Daniel Kahneman）夫婦、曾志朗、洪蘭、鄭崇華等人合影。

圖 8：2023 年 2 月 8 日良師益友年聚，徐旭東（前排左一）、鄭崇華（前排左二）、馬英九前總統（前排中）、謝孟雄（前排右二）、陳威明（後排左一）、劉宇環（後排左二）、王力行（後排左三）、周俊吉（後排左四）、李開復（後排右三）、邱冠明（後排右二）、蕭旭岑（後排右一）。

影響台灣思想的各界典範

圖 9：2007 在上海舉辦遠見高峰會高教授頒贈終身成就獎給台積電張忠謀董事長。

圖 10：2020 年 9 月 17 日玉山科技協會年會，右起魏哲家、高希均、吳敏求。

推動台灣經濟的重要人物

圖 11：1994 年 6 月新書發表會時邀請時任國防部長孫震博士致詞。

圖 12：2008 年 5 月 15 日與兩位重要作者王建煊、陳長文合影於陳府。

天下文化的重要作家

圖 13：2021 年 12 月 27 日於獲得多次大獎的《巨流河》作者齊邦媛教授林口家中。

圖 14：2023 年 3 月 29 日與停留一天訪台的普立茲新聞獎三屆獲獎者佛里曼（Thomas Friedman）合影。

圖 15：2018 年第一屆上海遠見文化高峰會，想到 1949 年從上海乘輪船到台灣。

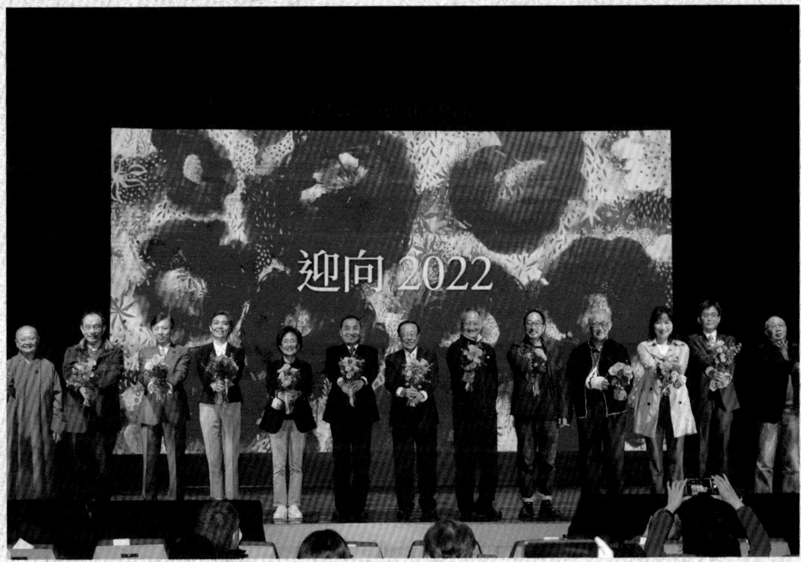

圖 16：2022 年在新北市舉辦知識跨年饗宴——給造局者的旅程。左六為新北市長侯友宜。

遠見・天下文化事業群「有了自己的家」

圖 17：2013 年 2 月 22 日遠見 · 天下文化事業群總部鼎定揭幕，由兩位創辦人高希均、王力行主持。在經過 31 年後，才有自己的辦公大樓。

社會人文 BGB572A

打造台灣軟實力之島・卷五

學習

閱讀傑出人物

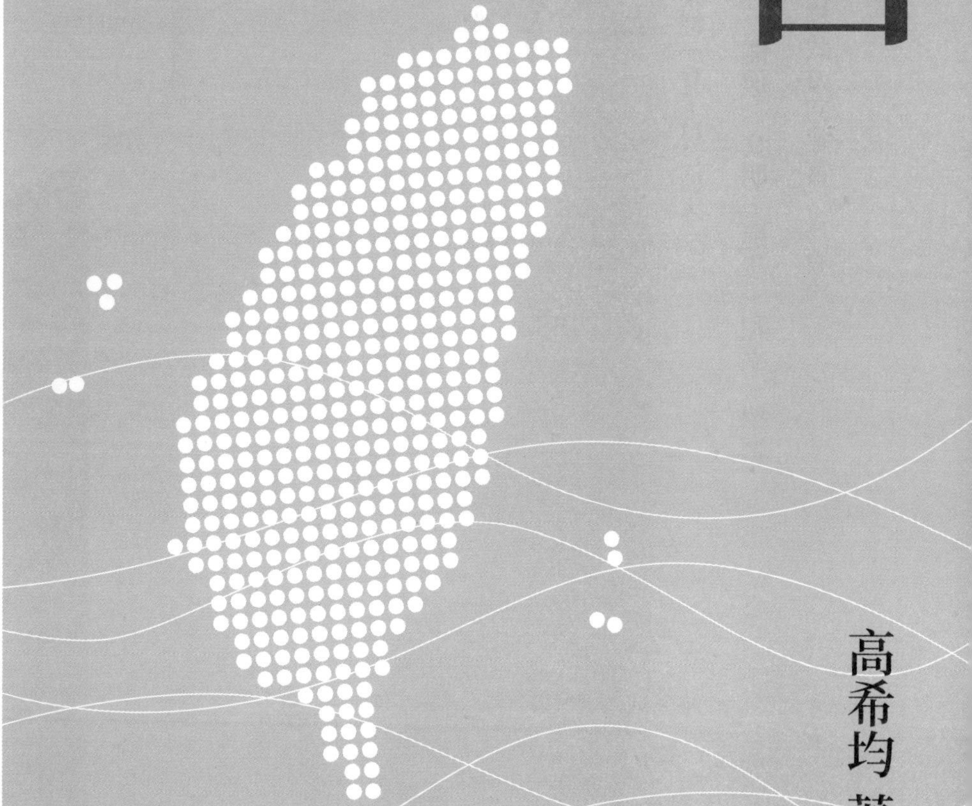

高希均 著

學習：閱讀傑出人物

目錄
contents

第一部

學習：閱讀傑出人物

目錄
contents

第二部 當代三十一位科技、社會、人文等傑出人物

學習：閱讀傑出人物

目錄

contents

—附錄—

—總序　打造台灣軟實力之島—

開放・文明・進步・和平・學習

——向新總統賴清德的施政方向建言

高希均

（一）流血、流汗、流淚

百年台灣的生命歷程就是血、汗、淚交織而成：有先烈的血跡、有先民的汗水、有先人的淚影。

流血是要推翻政權的殖民與獨裁，建立民主的法治社會。

流汗是擺脫貧窮與落後，建立小康的公平社會。

人不怕死，就可以點燃流血的革命火種；人不怕苦，就可以投入流汗的經濟起飛；人不怕「無情」，就可以毫不遲疑地展現大是大非。

台灣不缺流血的革命英雄（如施明德），更不缺流汗的企業家（如王永慶），獨缺能割斷情感、展現公私分明、大義滅親的理性選民。

台灣社會此刻最需要的就是一場空前大規模地切割各種情結的理性革命。

我們都記得剛去世的施明德的名言：「承受苦難易，抗拒誘惑難。」而人最重要的誘惑有三：權力、財富、感情。

流血革命的人，是要獲取政治權力；流汗奮鬥的人，是要獲取財富；那麼流淚的人是要獲得什麼？這正是人性中的弔詭！

流淚的人是在付出、是在掙扎、是在等待。

（二）奈伊的「軟實力」

在國際地緣變局中，美國已無法任性地我行我素，中國則或直接或間接地展示它的影響力。在兩岸經貿減溫、互信更冷的僵持下，台灣陷入空前的焦慮。

哈佛大學奈伊教授在一九八〇年代末提出了「hard power」與「soft power」的概念，正可用到當前台灣。

前者是指一國以軍事上的強勢來壓制對方，完成國家政策目標；後者是指一國以其制度上的、文化上的、政策上的優越性或道德性，展現其吸引力。

再進一步說：「軟實力」是一種正面力量，展現在制度上（如民主、法治）、生活方式上（如多元、開放）、政策上（如環保、消滅貧窮）、文化的分享與互動上（如藝術、音樂），因展現吸引力，使別人樂意仿傚、學習、嚮往。

「硬實力」展現在核彈、航母、衛星等戰力上。但因武器採購費用龐大，有時沒有嚇阻敵人，先拖垮了自己財政。冷戰時代的蘇聯即是一例，我們此刻一年六千億武器購買，也面臨了嚴峻考驗。

天下文化曾出版了幾本相關的重要著作。如奈伊的《強權者的道德》（二〇二〇年），前行政院長江宜樺寫了篇深刻精彩的導讀。另一本是王力行發行人主編的《贏在軟實力》，《遠見》雜誌二〇一九年十一月號也製作了〈雙面台灣——一流軟實力三流硬實力〉專題。

（三）主宰自己的命運

就台灣當前處境來說，最安全的國家安全政策就是不改變現狀——不獨不統、不修憲法、不改國號、不辦公投。在不挑釁對岸下，台灣就可以安全地生存發展；對岸也可以持續它的改革與開放。這樣的做法正是藍海策略的思維，讓雙方跳出硬實力的紅海競賽，開創軟實力的汪洋大海。

台灣在被邊緣化的國際大環境中，唯一可以突破的出路，就是全面提升「軟實力」，來改善台灣的吸引力，增加台灣的影響力。蘇起教授近年倡導：「台灣的民主制度、自由經濟、開放的社會，是台灣『軟實力』的重要因素。只要充分發揮這些『軟權力』，台灣不僅更繁榮，而且更安全。」

（四）構建「軟實力之島」（Taiwan As an Island of Soft Power）

新總統即將於五月二十日上任，他應當把注意力，從硬實力層面轉向軟實力方面。蔡總統任內在電視上常看到的畫面，都是與軍事相關，她自己穿著軍服訓話，其次是參觀各地廟宇，最少的就是總統記者會及探訪青年學生與基層民眾交談。

當以「軟實力」為主軸時，台灣人民突然共同發現，這一條是台灣真正的出路。從府院到社會各界，同心協力，拋棄那些「不可能」、「無效率」、「騙選民」的政治議題，一起決心提升那些「可能的」、「貼身的」、「有實效的」經濟、教育、民生、醫療、文化、氣候變遷、永續發展等人民與世界潮流最關心的領域。

一旦決定構建台灣「軟實力之島」，它就能處理本書提出的——

五大課題：

- 開放：沒有開放的政策，一切空轉。
- 文明：沒有文明的擴散，一切空洞。
- 進步：沒有進步的推展，一切空談。
- 和平：沒有和平的持久，一切落空。
- 學習：沒有學習的普及，一切空白。

要切實推動，就要提出新總統「百日新政」的七個重大「心理建設」：

(1)「願景」不再模糊　(2)「誠信」不打折扣　(3)「承諾」不可落空

(4)「人才」不能折損　(5)「開放」不能猶豫　(6)「和解」不再僵持

(7)「年輕一代」不應迷惘

這也就是我在二〇〇七年《我們的V型選擇》一書中所討論的。當時兩位總統候選人馬英九、謝長廷共同推薦的。

以「開放」、「文明」、「進步」、「和平」、「學習」五力所構成的「軟實力」變成了台灣「軟實力之島」也就成世界上罕見的「和平之島」。

＊　＊　＊

在編輯這五本套書時，衷心感謝天下文化總編輯吳佩穎、副總編輯郭昕詠、設計中心總監張議文、辦公室主任林素伶的全心投入。全套書中偶會出現一些重複的小段落及句子，是我的偏愛，也請讀者容忍。

做為一生是個讀書人，家國經歷過戰亂，手無寸鐵，也無公職，還能找到一本書、一張桌、一枝筆，不間斷地學習，真是上天的恩賜。

第一部

評述二十八位台灣轉型年代的政經領袖

蔣經國

李國鼎

孫運璿

趙耀東

王作榮

郝柏村

許歷農

葉萬安

徐立德

唐飛

錢復

連戰

馬英九

王建煊

施明德

章孝嚴

丁渝洲

楊志良

蔣孝勇

吳敦義

洪秀柱

郝龍斌、韓正

張善政

賴清德

黃健庭

朱立倫

鄭文燦

蔡其昌

01 蔣經國
深耕台灣的真正英雄

《蔣經國晚年身影》，張祖詒著，二〇〇九年九月二十五日，天下文化出版

在經國先生百歲冥誕前夕，曾經晚年晨夕追隨他十六年的總統府副祕書長張祖詒先生，也是鮮為人知的重要政策文稿的執筆者，記述了他的近距離觀察，發

表了這本彌足珍貴的回憶紀錄。

張祖詒先生的貼身觀察

作者在卷首語中就指出：「書中所述句句真實，沒有假話。」從這本高度可讀性的第一手解讀中，讀者可以清晰地理解與體會那個年代經國先生的治國理念、施政作為、行事風格、品節操持、個性傾向、生活點滴，甚至內心世界。

這是祖詒先生送給海內外讀者最好的禮物，也是對經國先生最珍貴的追念。台灣在經濟發展與民主發展過程中，經國先生都扮演了最關鍵的角色。沒有他的全心投入，就不可能有台灣的經濟奇蹟；沒有他晚年解嚴黨禁、報禁、探親等的開放，台灣也就難以出現「寧靜的革命」。

在當前全球經濟大衰退之際，重溫蔣經國時代的十八年總體經濟指標，從一九六九接任行政院副院長兼任經合會主委起，到一九八七年底，那真是台灣經濟起飛的黃金時代：

——每人所得　上升近十九倍
——平均失業率　一・七％
——平均出口成長率　二六％
——平均工業生產成長率　十二・二％
——平均生產毛額上升率　九・○％

在這一年代，雖然我在美國執教，但暑假常回來追隨李國鼎先生做相關政策研究，我有感而發地提倡過「天下哪有白吃的午餐」與「決策錯誤比貪汙更可怕」二個觀念。前者指出：政府應逐漸減少保母保護的心態，發揮人民與企業自求多福的生命力；後者指出：「廉潔重要，決策正確更為重要。」

這關鍵的年代，也正是本書作者追隨經國先生的年代。從他的觀察分析中，我們更了解是經國先生的行事風格與貫徹決心，創造了他的輝煌政績：

- 任何改革必然循序漸進，謀定而後動。
- 推動改革，不怕得罪保守勢力的大老。

- 澄清吏治，整肅貪瀆，不惜開鍘顯貴。
- 偶有不悅，絕不意氣用事。
- 以理性平和的態度，讓人心悅誠服。
- 有改過的勇氣，從不諉過卸責。
- 生活儉樸，大公無私。食衣住行，簡單為上。
- 存善念，不說假話，唯民眾之利是圖。
- 為了深愛台灣，必須忍辱負重。
- 「今日不做，明日會後悔」。
- 「我也是台灣人」。

作者以「一位真正的君子」歸結經國先生的晚年。本書第五章〈典型在夙昔〉中的第五節「如果」，將是關心台灣權力交替與台灣前途最值得參考的看法。作者提出了八個關鍵的「如果」。從「如果」當年不提名李登輝做副總統，難道就沒有更佳人選？到最後一個「如果」——如果沒有蔣經國，台灣的政治和經濟能有今日這樣的基礎碼？作者一一提出了精闢的答覆。

西方學者常認為：每一時代的歷史，都是那一代的英雄所寫的。集毀譽於一身的蔣經國，他在晚年對台灣發展的貢獻，是值得肯定的。這也是二〇〇七年十二月《聯合報》公布「誰對台灣貢獻最大」的名次：蔣經國（五〇%）、李登輝（一一%）、蔣介石（六%）、陳水扁（五%）。

我也要補上一個「如果」：如果沒有本書的問世，蔣經國晚年多采多姿、可敬可親的身影，將無法如此清晰地呈現在讀者眼前。

二〇〇九年九月二十五日發表於《蔣經國晚年身影》

02 李國鼎
一位決策者的高貴靈魂

《經驗與信仰》，李國鼎著，
一九九一年六月二十五日，
天下文化出版

我們所敬重的李國鼎先生於二〇〇一年五月三十一日在台北逝世，享年九十二歲。

我的老師顧應昌院士在英文傳真中建議：「李博士的友人、同事及仰慕者，一定要想出最合適的方式，來紀念這位一生對台灣有傑出貢獻與成就的偉人。」絕大多數人的貢獻，隨著時光隧道逐漸消失；只有極少數極少數的人，即使他們在世的時候，其貢獻因時代的見證就已經凸顯。

李氏正是這麼一位難得的人物。他既是台灣經濟奇蹟的創造者之一，又是近二十年來推動資訊科技的功臣，更是提倡第六倫的先驅。他推動改革的領域還包括了教育體制、企業管理、醫療網、社區發展、都市規畫等等。因此，他對台灣的貢獻是繼往開來、歷久彌新。

在今天這個只想出名，不想出力；只想作秀、不想做事的年代，李氏一生的言行，樹立了一個從政者的典範——敢想、敢說、敢做、敢愛。

因為敢想，才能想得遠、想得深。因此李氏就不斷提出新觀念、新政策。

因為敢說，才能說真話、說實話。因此李氏不斷的寫文章、做演講。

因為敢做，才能做得快、做得好。如果只敢想、敢說，而不敢做，那只是幻想和清談而已。李氏鍥而不捨地積極推動開創性，以及有時具有爭議性的政策

（如加工出口區及第六倫）。

因為敢愛，才能由所信基督教的愛心出發，愛國家、愛社會、愛眾人。

他在晚年時沉痛地說過：「我們的價值觀念愈來愈走向『貪』，愈來愈缺少『愛』。」

自從五十六歲（一九六六年）聖誕節受洗後，李氏寫過：「我的生活更有規律，神賜我智慧、勇氣、信心來應付與日俱增的問題。」

他更常常親筆抄錄《聖經》中〈哥林多前書〉第十三章中的幾節話送贈友人及後輩：「愛是恆久忍耐，又有恩慈；愛是不嫉妒；愛是不自誇，不張狂，不做害羞的事，不求自己的益處，不輕易發怒，不計算人的惡，不喜歡不義，只喜歡真理；凡事包容，凡事相信，凡事盼望，凡事忍耐。」

李氏的「愛」特別包括了愛才、惜才與用才。在經濟與財政部長任內，不斷選送優秀同事出國深造。

一九八七年春天接受《遠見》雜誌專訪中，他特別提出：「我工作的機關沒有一個是我自己的人，從來不以鄉親、學誼、戚誼來考慮用人，主要的原則是用人、待人以公平為原則，一樣地給他機會，用人的長處，改善其短處。因此凡有能力的均可脫穎而出，沒有差別，這是我一生最愉快的事。」

很多位旅居在國外的我國專家或學者，常常只因為與李氏見面一次或一席談，就被他的使命感所感動，而決定回國投資、或擔任公職。郝柏村先生說得傳神：「李資政一輩子做的事，就是圖利他人。」

一九八五年李國鼎先生邀請到了張忠謀先生來台擔任工業技術研究院院長，參與科技研發。對當年李資政的勸說，張先生也直說：「沒有李國鼎，就沒有台積電。」

即使在過去還沒有「泛政治化」的時代，任何一位肯想、肯說、肯做的部長，一面會得到人民及輿論的讚揚，另一面也會受到一些批評。

一九八一年三月所提出的「第六倫」，就是受到責難的一個例子。他誠懇地提出在現代化過程中，「群己關係」建立的迫切。其切中時弊的論點可說石破天驚，立刻得到了普遍的共鳴，但也馬上引起一位黨國元老的公開批判：「我國文化中只有五倫，哪有第六倫？」

李氏指出：「以五倫為特色的人際關係所表現的優點是親切、關懷，缺點則是偏私、髒亂；以群己關係為特色的人際關係的優點是公正、秩序，缺點則是冷淡、疏遠。五倫屬於私德的範圍，群己關係屬於公德的範圍。五倫的社會文化背景是經濟活動和社會結構簡單的傳統社會；第六倫的社會文化背景則是經濟活動和社會結構複雜的現代社會。」

李氏對台灣社會的熱愛反映在每一個他所鼓吹的觀念上。這位具有國際視野的資政，希望朝野共同努力，把ROC（Republic of China），提升為文化大國（Republic of Culture），把MIT（Made in Taiwan）「台灣製造」，換成永不沒落的「台灣奇蹟」（Miracle in Taiwan）。

在台灣不同的發展階段中，我曾先後提出過經濟人、社會人、文化人、科技人的理念，來反映社會對他們的殷切期望。進入二十一世紀，我又在鼓吹「知識人」這個更廣義的理念。這個理念是要使「知識人」與當前大家提倡的「知識經濟」、「知識社會」、「知識世紀」、「知識時代」接軌。

我心目中的「知識人」要擁有三個條件：科技腦、人文心、中華情。

科技腦：是指他們的思維方式及工作態度就是不馬虎、不敷衍；相信事實、相信數據；「對」的就要堅持、「錯」的就要放棄；並且追求創新；更注重績效——目標既定，全力以赴。

人文心：「人文心」是「以人為本」。有益於人類的「科技」，能帶來財富、效率、秩序、進步；正如有益於人類的「人文」，會帶來自由、公平、哲思、福祉。具有「人文心」的，就會發揮高尚的風範、謙和的氣質、大愛的情操，以及人性中的無私。

中華情：是包括了對中華歷史的認同，對中華文化的嚮往，對兩岸和平的追求，對兩岸雙贏的鼓吹。

當前的「中國結」千萬不可變成死結。因此，兩岸的底線絕不可以「中國人打中國人」；兩岸交流的起點一定要從「中國人幫中國人」開始。兩岸的中國人，只有以「中華情」來解「中國結」。

一九九三年六月，李氏回到了離開了四十七年的故鄉與國土。在南京中央大學母校講經濟發展，在北京與朱鎔基先生談台灣經驗。一位北京朋友說：「那次李朱近二小時的長談，對大陸經濟改革的幅度與速度有深遠的影響。」我們放眼半世紀以來的政府首長與社會精英，同時兼有這三者的，當推李氏為第一人。李氏實在是一位完美的「知識人」。

在天下文化出版的《工作與信仰》一書的自序中，李氏寫著：

我是一個平凡的人，來自平凡的家庭。我在小時直到中學二年，也讀書，也頑皮，大了一點知道怎樣努力——讀書努力，工作努力，同時工作中不斷在求知，這一個求知的鐘擺仍在不斷運轉中。

當我進入社會，不斷的繼續學以致用，我以基礎的科學知識，主動多方追求智識，解決問題。

如果這一位完美的「知識人」，這樣自謙是「一個平凡的人」，那就給了我們每一位平凡人足夠的鼓舞——不斷求知，讓求知的鐘擺不斷的運轉。

對一位曾經早期走過台灣艱困貧窮時代的「經濟老兵」，按理說，在當前每人所得一萬四千美元時，應當充滿自信。但是當前泛政治化的瀰漫、從政者的私心、社會大眾的缺少愛心、是非觀念的模糊、群己關係之難以落實，都令這位年逾九十的資政憂心。

從一九六九年起，每個暑假我都從美國回到台灣，一部分的時間是追隨李氏參與經濟發展相關的研究。三十年來，根據自己的觀察，再也不容易找到一位政府首長對台灣的全面發展，會像李氏那樣投入那麼多的心血，參與那麼多的領域，做出了那麼多的貢獻，產生了那麼多的影響。

他在台灣及國外出版了近十本的中英文著作；南京的東南大學也已經出版了《國鼎文集》十五冊，分別記錄了李氏近四十年來的思維與作為。他發表的一千一百多篇的中文文章及近三百篇的英文文章，是留給世人最珍貴的一部分遺產。此外，他獲得的十二個榮譽博士、以他的名字在著名大學所設立的講座，以及各國政府頒贈的勳章，也都是實至名歸。

在專業知識上，他是通才中的專才，專才中的通才；在做事做人上，他既「能」又「廉」，既「勤」又「實」。

綜合來說，李氏一生所最令人尊敬的還是他擁有高貴的靈魂——無法被腐化的操守、無時無刻不在的大愛、全心投入的專注、從不氣餒的使命感。他在台灣四十年的公職生涯（從一九四八到一九八八，亦即從三十九歲到七十九歲），正就是台灣經濟奇蹟創造的歷程。決策者的高貴靈魂才是國家進步的最好保證。

在他所擁有的讚譽中，從「財經重臣」、「科技教父」，到「國之寶鼎」，最使他安慰的是否在臨去前所獲得的榮耀：南京大學與東南大學的榮譽董事長？

二〇〇二年五月號《遠見》雜誌

03 孫運璿

台灣第一位工程師性格的政治家

《懷念孫運璿》，財團法人孫運璿學術基金會著，二〇〇七年二月十四日，天下文化出版

十六年前的小故事

一九九〇年的四月，《經濟日報》上出現一個邊欄，標題是：「李總統：立足台灣、胸懷大陸；孫運璿：充實台灣、協助大陸；高希均：改善台灣、轉變大陸」。

邊欄中的頭三段文字是這樣寫的：

政府大陸政策的遲緩，不僅早已引起企業界的不耐，目前連「立足台灣、胸懷大陸」的指導口號，也遭到來自朝野的不同質疑。

在日前召開的國際企業領袖高峰圓桌會議上，經濟學者高希均表示，政府現階段「立足台灣、胸懷大陸」的口號，不僅過分浪漫、抽象，也十分消極；他建議應改為「改善台灣、轉變大陸」，以示更主動積極的態度，促使大陸走向自由市場經濟體制。

高希均並建議，孫運璿、李國鼎、蔣彥士等早期指導台灣經濟發展的政策者，應辭掉總統府資政、顧問的職位，以個人身分前往大陸指導他們發展經濟，必可獲得很大的回響。

對於高希均的建議，在座的孫運璿、李國鼎並未給予正面答覆；不過孫運璿表示不能同意高希均「改善台灣、轉變大陸」的口號，他主張應改為「充實台灣、協助大陸」較為適切。

這段報導以這兩句話結束：「面對孫運璿慣有的堅定口吻，屬後輩的高希均只得苦笑地點頭稱是。」

湊巧的是，當時撰述這篇評論的年輕記者康文炳，現在剛好是我們《30》雜誌的總編輯。

十六年後來看孫資政的八個字，依然覺得他的雄心壯志，只是「充實」台灣的迫切性愈來愈大，「協助」大陸的可能性愈來愈低。

黃金年代：一九六九～一九八七

在孫資政去世一年、經國先生去世十七年之後，在此刻的台灣，看到台灣經濟的沉淪，我們只能淡淡地說：「他們已經打過了一場美好的仗。」陪他們一起打過這場仗的尹仲容、俞國華、李國鼎等前輩也都先後而去。

從全球視野及台灣經濟發展來看，我們應當把經國先生主持財經大計（一九六九～一九八七）的年代，稱為台灣經濟的「黃金年代」。

這個年代有六項特色：

(1)財經決策以國家整體利益及民營企業發展為考量。
(2)財經首長的專業及政策決定受到尊重，政治歸政治，經濟歸經濟。
(3)全國高層公務人員——特別是財經首長——都能嚴守分際，大公無私，目標既定，全力以赴。
(4)政府高層絕少出現官商勾結、黑金政治與大財團掛鉤。

(5)社會有強烈的共識，政府與民間同心協力發展經濟。

(6)在民間企業蓬勃發展與充分就業情況下，創造的財富為全民所共享。財富的平均發展，奠定了台灣的安定與小康社會的建立。

因此，台灣經濟享有了令人稱讚的「經濟奇蹟」：成長率高、失業率低；財政赤字減少，外匯存底增加；貧富差距縮小，教育機會擴大。

在「黃金年代」時期，從一九六七～一九八四年，扮演關鍵角色的，即是孫運璿先生。在這一年代中，他先後擔任了三年交通部長、九年經濟部長與六年行政院長。

三位重要人物

近月來讀到了三本重要人物的書稿。他們都是半世紀以來對台灣社會有重大貢獻的人物。他們分別是：

(1)台灣第一位政策經濟學家：王作榮。
(2)台灣第一位大企業家：王永慶。
(3)台灣第一位工程師性格的政治家：孫運璿。

如果半世紀以來的台灣沒有這些人物的貢獻，台灣的能見度與重要性早就消失了。

一九九〇年代後，台灣為了追求民主與選舉，付出了慘重的代價，因為台灣人民並沒有獲得優質的民主與公平的選舉；過程中卻犧牲了社會凝聚力、民間生命力與政府公信力。

在意識型態主導與兩岸無法三通的限制下，公共政策的資源錯置了，民間的投資萎縮了，台灣的前景模糊了。

整個台灣陷入了全面空轉——那就是美國與歐洲商會所共同指出的：「台灣經濟已經完全失去了競爭力！」歐洲商會在其年度藍皮書中坦率地指出：「現在不解除兩岸管制，將有愈來愈多的歐商撤出台灣市場。」

工程師性格

今天的台灣面臨如此重大的衰敗，就更使人想起處理過國家多重危機以及創造過國家新契機的孫資政。

孫資政從基層工程師做到行政院長；光復後來台，他是一個三十二歲的年輕台電工程師，帶領台電人在五個月內，使全台八〇%用戶恢復用電，粉碎了日本人「台灣黑暗」的譏諷；年輕時的表現就預告了他日後的成就。

從交通部長、經濟部長到行政院長，他成功地克服了退出聯合國、石油風暴、中日斷交、中美斷交等的衝擊，又克服了重重困難，完成了十大建設；又積極推動「六年經建計畫」，完成十二項建設；此刻再來回顧新竹科學園區的啟用與積體電路投資的推動，更產生了深遠的影響。

細察這十七年的貢獻，或許可以歸納成一條法則：那就是孫資政的工程師性格，使他變成了受到全民尊敬的政治家。

尹仲容、李國鼎、趙耀東等這些擁有科技或工程背景的財經首長，也都有類似的特點。

歐晉德先生在《懷念孫運璿》當中的〈現代工程師的標竿〉一文中，有一段深刻的觀察：

孫先生的一生，不論是在民間或政府任職，皆可看出其具備工程人應有的縝密思考、腳踏實地、講求數據，著重分析、擅長規畫的素養，更清楚地可見其專業之思考邏輯融入施政謀略上，由概念雛形、分析個案利弊、擬訂可行方案、建立制度列入追蹤管考，這一套循序漸進的治國之道，無不彰顯其工程師的特質。

讓我把孫先生的工程師性格再做進一步的引伸。這個性格反映在他擔任行政院長任內，就展現了政治家的風範：

(1)第一流的科技腦。

(2)不可動搖的使命感。

(3)一肩挑起的責任心。

(4)鍥而不捨的執行力。
(5)超越政治的中華情。
(6)廣闊前瞻的世界觀。

或許唯一的遺憾，即是那個年代的孫院長，正如他以後常說的：沒有時間兼顧到文化的發展。

任何一位首長，擁有其中幾項特質時，就已會受人稱讚；孫院長則在六年院長任內把這六項特質發揮得淋漓盡致。因此他同時獲得了經國先生的信賴與器重，以及全國各界的尊敬與推崇。

這正是追隨他多年的徐立德先生，在序中的第一段話：

有典範的社會，才有希望。典範的價值，超越意識型態、地域、族群等等的限制；超越的層面愈廣、愈深，典範的價值就愈高、愈久遠。孫資政運璿先生，正是今日台灣社會稀有的典範。

當工程師性格與政治家風範融合時，我們就看到了孫院長的無私與大度，孫院長的魄力與執著，孫院長的遠見與願景，孫院長的政績與聲譽。孫院長就成為了五十年來，台灣第一位擁有工程師性格的政治家。

二〇〇七年二月十四日發表於《懷念孫運璿》

04 趙耀東
敢想、敢說、敢做

《平凡的勇者》，趙耀東著，一九九一年六月二十五日，天下文化出版

在現代社會中，「創造時代」的英雄愈來愈少見，但是被主客觀情勢創造出來的功臣仍會不斷出現。事實上，社會就靠這些功臣來導引進步。

在台灣三十多年經濟成長過程中，社會上出現較多的是財經功臣。尹仲容先生的決策魄力，嚴家淦先生的協調才華，是大家念念不忘的兩位。

對這一代中年人來說，李國鼎先生是他們熟悉而又尊敬的一位財經功臣；對這一代的年輕人來說，趙耀東先生則被認為是一位有擔當、敢說實話的現任首長。

兩位財經功臣

李政務委員與趙主任委員二位有相異之處，也有相同之點。

李氏留學英國劍橋，學物理；趙氏留學麻省理工學院，學機械。都是當時一九三〇年代熱血沸騰、充滿抱負的中國留學生。

李氏於抗戰期間回來後一直擔任公職，包括美援會祕書長、經濟部長（一九六五～一九六九）、財政部長（一九六九～一九七六）及政務委員。美援會的表現是李氏更上層樓的轉捩點。

趙氏曾先後在越南、新加坡等地建廠，擔任民營企業的負責人。中鋼建廠的順利及其中鋼管理模式肯定了趙氏的才能，由此而出任經濟部長。

李氏是一位虔誠的基督徒，住在一幢政府配給的日式住宅中，消遣以打高爾夫、種花為主。趙氏因早年從商，稍有財富，住在自有的大廈，已多年不打高爾夫，消遣是在週末享受鄉居生活，並與幾位老友做方城之戰。

二位均喜愛閱讀。李氏閱讀範圍極廣，在首長中知識之淵博，大概僅次於嚴靜波先生；趙氏則喜歡當代有關西方管理與經濟書籍。

李氏思考細密、記憶力過人，他親自參與大多數的決定，一篇演講稿常常要字斟句酌。趙氏常自稱：「我管政策，不管細節。」一面充分授權，一面也擔當後果。一篇為他準備好的演講稿，他常臨時棄而不用，即席發表更有說服力及更富感情的演講。但也因此會引起一些餘波。如不久前演說中創造的「經濟颱風」一詞，即引起層峰的關心。

李氏中英文俱佳。外國人提起KT（李先生英文名字K.T.Li之縮寫），總是帶著讚佩的口吻。趙氏之中英文則以「氣勢」取勝。一位美國記者訪問趙氏後說：「他的內容率真得令人佩服。」

趙氏認為：「KT比我有耐心，有了一個目標，總要想各種辦法達到，我則一直往前衝，常常不如人意。」

李氏則認為：「趙主任委員很想做好，但十分辛苦。」

李稱讚趙的幹勁；趙則敬佩七十七歲的KT不減當年的使命感。

如果李先生沒有心臟病的紀錄，將是一位合適的行政院長人選。以趙先生辦中鋼的經驗，如果離開經建會，他很適合擔任我國大眾捷運系統的總負責人。

三個共同特徵

儘管他們有上述性格上、細節上、處世態度上的不同，但這二位財經首長有三個共同的特徵。

（一）**敢想——想得遠、想得深**：因為二位敢想，因此就會不斷出現新觀念、新方法、新政策。因此，二位也經常抽時間與中外人士接觸，交換意見，變成國內媒體及外賓訪台最想接觸的人物。

（二）**敢說——說真話、說實話：**因為二位都要傳播想出來的新觀念、新政策，就不得不比其他首長寫較多的文章，做更多的演講，在更多的公眾場合出現。一九八一年李氏提出的「第六倫」引起爭議，正如一九八七年趙氏提出的「經濟颱風」一樣。

（三）**敢做——做得快、做得好：**如果只敢想、敢說，而不敢做，那只是幻想與清談而已。但是李、趙二位均鍥而不捨地積極推動開創性以及有時爭論性的政策（經濟部李部長任內之加工出口區，經濟部趙部長任內暫停一千餘種日本貨進口）。二位均求好心切，要求僚屬與要求自己一樣的完美。

二位也均敢裁決，均有擔當。二位也都愛才與培養人才。李氏在兩次部長任內，不斷送優秀部門同事出國深造。王建煊次長與張耀東署長即是當時被李氏擔任財政部長任內送往哈佛深造的。趙氏則在中鋼未開之前就已花了五百多萬美元送同仁去國外進修。

多位旅居在國外的我國專家或學者，常常因為與李氏一席談，或因他之熱心贊助而決定回國投資，擔任公職或任教。

有讚揚，也有妒忌

在中國的政壇，任何一位肯想、肯說、肯做三者同時兼有的首長，一面會受到人民與輿論的讚揚，另一面又會受到另一些人的妒忌。

因為敢想，就一定會受到好大喜功的責難。

因為敢說，就一定會聽到愛出鋒頭的批評。

因為敢做，就一定會與既得利益衝突，並且產生令人擔心的風險。衝突與風險有時正是與強調安定的原則不相容的。

李、趙二位都是性急、自信力強、不肯輕易改變自己主張的人。有人也批評李氏過分相信自己的幕僚，也有人批評趙氏英雄主義色彩太濃。

但是二位都有同樣強烈的奉獻精神，同樣熱中於解決問題，同樣地不熱中於玩弄政治；而二位在今天都同樣地認為：「已經到了退休年齡，應當讓年輕些的人多負些責任！」這或許是歲月催人老的無奈，但是多少人還是希望這二位沙場老將在退休之前，再為我國的科技、醫療，及其他經建規畫打一場漂亮的仗。

出版論文集

可惜對絕大多數的讀者而言，他們對李國鼎與趙耀東二位的言論與思想之認識，仍是片段的；二位的文章或演講分散各處。現在經由經濟與生活出版公司（即天下文化的前身）的努力，他們二位的論文集已問世。

兩本論文集中，除了論文、自序、大事年表之外，還包括了專訪，細述他們自己對很多問題的看法。

這兩本書是我國經濟成長史的部分縮影，也是這二位首長參與財經決策的心路歷程，更是二位清廉、負責、忠黨愛國政務官的一部分紀錄。

經濟與生活出版公司成立五年以來，已經出版過重要學者的著作，如王作榮、蔣碩傑等，也出版過重要企業家的著作，如王永慶、張國安等，此外也譯述過重要的美、日、韓等國的著作。

現在，又包括了政府重要首長的著作。正如我們所一再強調的：傳播進步觀念才能加速建立進步社會。李、趙二位論文集的出版，正是我們所努力的一個最新例子。

一九八七年七月

05 王作榮
台灣第一位「政策經濟學家」

《壯志未酬》，王作榮著，一九九九年三月十日，天下文化出版

經濟學家依他們的貢獻也許可以分成兩類：第一類是對經濟理論有原創性的貢獻，他們是諾貝爾獎得主。自一九六九年頒發以來，全世界約有七十位得到這

項榮譽。第二類是按照他們的貢獻及參與，分別在不同的專門領域發揮專才：

- 有些在構建模式與實證研究上有成就。
- 有些在推進經濟理論上有創見。
- 有些把經濟理論與思潮用到公共政策，用以提升社會進步有貢獻。

不曾有中國經濟學家得過諾貝爾獎。一些中研院院士多是第二類的前兩項。作榮先生是屬於最後一個類型，他對台灣經濟發展政策的貢獻，不論是正面的提出或反面的反對，半世紀來幾乎是無人出其右者，影響的範圍更超越經濟。

在經濟學界，因研究領域的不同，有勞動經濟學家（labor economist）、發展經濟學家（development economist），比較少見「政策經濟學家」（policy economist）的這個名稱（偶有 public policy economics 出現）。用這樣的名詞，尊稱他為台灣第一位「政策經濟學家」，是完全符合國情的。正如作榮先生自己所指出：他是第一位用總體經濟觀點（如國民經濟預算、計量經濟模型、投入產出表），來設計台灣整體經濟政策與發展。

在十八世紀中葉的英國，在亞當．斯密發表《國富論》的年代，政治與經濟本來就是一體的，因此出現了「political economy」這個名詞。

雖有一些爭議，仍值得敬重

作榮先生是一位受過嚴格現代思潮訓練的經濟學家。他融合了儒家思想、西方理念、獨立思考、道德勇氣；以財經、教育、法治為釐訂政策的主軸，以國家現代化為終極目標；集大學教授、意見領袖、政府官員的三重身分，言人所不敢言，堅持人所不敢堅持；其綜合影響超過了任何一位教授、一位意見領袖、一位官員。他的言論與思路影響了台灣經濟發展政策半世紀。更正確地說：凡是他提倡的，不一定變成政策；凡是他強烈反對的，很難變成政策。他是台灣五十年來第一位經濟學家對財經政策有深遠影響的。

他對台灣財經政策的直接參與，始自一九五三年擔任行政院經濟安定委員會職務開始；同年受聘為台大法學院兼任教職。一九六四年擔任《徵信新聞報》

（《中國時報》前身）主筆，一九七八～一九八八年又擔任《工商時報》總主筆。近四十年中，他言論的影響力不能以他自謙的「一得之見」來概括。後又在一九九〇年出任考選部長，一九九六年出任監察院長。在這段歷程中，他一直不畏一些海外學人對他的批評、財經首長對他的疏遠，以敢言著稱。

作榮先生之受人敬重，是他才氣縱橫、勇氣百倍；又有深刻的觀察、一針見血的評論與萬夫莫敵的自信。綜觀其一生之壯志，就是建設一個現代化的中國。

一生中最想做的事

當他多年老友李登輝先生於一九八八年一月接任總統時，作榮先生時任考試委員。在《壯志未酬》的自傳中有這樣幾段：（參閱原書頁四三三～四三四）

李總統在改組內閣時，並未請我出任任何職務。李總統應該知道我最適當的職務，當是經濟建設委員會主任委員，結果發表了錢復，真是出人意料。

我一生的職志並不是想做一個有權有勢的大官，而只想政府給我一個職位，讓我將這一點知識充分發揮，為國家的現代化盡一點心力，而經建會主委正是這樣的一個職位。

在經國先生主政時代，雖然賞識他的才華，但沒有重用。主要的原因可能是當時的幾位財經首長，對他正直的個性曾有微言。以前我總認為如果那一時代的幾位財經首長再加上作榮先生的參與，必然如虎添翼，更能推動經濟建設；此刻我倒有另類思考：正因為雙方有一些「緊張」關係的存在，使這些首長更不得不無私無我，全力以赴；也使得作榮先生不得不更嚴謹地思考與批判，或許反而產生了實質上更大的進步。

作榮先生一生最大的失落，就是中華民國沒有變成一個這位「善為國謀，不善為己謀」的知識份子夢寐以求的「現代化國家」。細察今天台灣政治與社會的亂象，能不佩服他的遠見？

這本重要的文集收集了二十二篇文章，涵蓋了台灣經濟發展、治台理念、中國情懷；時間上涵蓋了半個世紀。當中最引起我關注的是第十六章〈國家統一綱領〉。當時我與一些學者（包括沈君山、金耀基、丘宏達、高英茂等）被聘為國統會第一屆研究委員。我們幾位在國外教書的教授常回台北開會，認真地討論過這個重大文件。我自己從不知道這是出自作榮先生的構思，此一綱領對兩岸的發展做出了重大的貢獻。

作榮先生這位融合儒家文化與現代觀念的思想家，最大的壯志是建立一個現代化的國家；最大的失落是否沉痛地反映在他的自序中的這幾句話：「重讀本書各文，追憶往事，可知我們那一代的人如何展現士的風範，為國為民，莊嚴工作；而現今一些政治人物又是如何展現動物本能，自私自利，無恥貪腐，不成比例，不應該為文明社會所接納。」

二〇〇六年秋天的台灣，政府沉淪、國家方向錯亂、企業困頓；但是已找不到另一位王作榮。誰說：江山代有才人出？

二〇〇六年十一月號《遠見》雜誌

06 郝柏村

心念大陸・命獻台灣・愛歸黃埔

《郝柏村回憶錄》，郝柏村著，二〇一九年八月八日，天下文化出版

星雲大師與郝柏村先生為多年知己。年齡相差不到六歲，二位之出生地鹽城與揚州（江蘇）不及三小時車程。郝先生曾讀過大師多本著作，如二〇一五年趙

無任撰述之《慈悲思路・兩岸出路》極為讚賞。

八月二十三日在台北有千人參與的郝柏村先生追思會。為減少大師心情起伏，未曾告之。我在追思會對郝先生的評述，大師大概都會同意。如在大師創辦之「人間福報」刊出，或可稍補大師未出席之遺憾。

——高希均附識

（一）

今天是八二三。六十二年前（一九五八）的今天，震驚中外的金門砲戰於下午六點三十分爆發，三位陸海空防衛副司令當天陣亡，激烈砲戰持續四十四天。駐守最前線小金門的步兵第九師師長郝柏村，以「不成功便成仁」的決心，率領官兵達成捍衛金門任務。九月三十日在最前線的郝師長接獲總統蔣公親筆勉勵將士書。這份珍貴的勉勵書，將刻在大理石上出現在郝將軍的墓地。

金門砲戰這一仗保衛住了台灣，也使三十九歲的少將師長更受到重用。

三十四年後，一九九三年二月，那時行政院郝院長要在卸任前一週，向金門官兵告別，約了幾位民間友人陳長文、王力行和我同行，陪著他走訪當年出生入死的碉堡、陣地、營房。那一夜我想起麥克阿瑟將軍的名言：「老兵不死」（Old soldiers never die.），但這是遠遠不足以描述郝將軍。

今天近千人的追思會上，是大家強烈地認識到，郝院長的貢獻不限於軍事，更包括了民主政治的推動，兩岸關係的穩定，經濟實力的增強，社會安全的維護，民族意識的提升。他一生的言行堅定地凸顯出他的價值觀：

(1)對中國百年的屈辱有悲情。

(2)對中華歷史與文化有熱情。

(3)對中華錦繡河山有深情。

(4)對台灣本土與大陸家鄉有真情。

儘管身在台灣七十年，仍然堅信：中華民族必將復興，中華民國必將存在。

（二）

去年八月發表二十五萬字的《郝柏村回憶錄》，為中國百年、台灣七十年的艱困奮鬥，留下衰敗與復興的歷史紀錄：反映出他維護中華民國的使命感，發掘中日抗戰真相的迫切感，開拓後代子孫幸福的責任感。

細讀這本去年發表的百年回憶，小我的得失之心早已煙消雲散；大我的家國之思與兩岸分合則思潮澎湃。書中記載了「保台反獨六十年」的心路歷程，以及深切期盼——「中國人不打中國人」，「和平」才是兩岸中國人要共同追求的目標。

郝總長當年接受《遠見》雜誌王力行總編輯獨家專訪時，就提出：「守住中華民國這塊招牌，遠勝過購買新型武器。」

記得一九九二年一次國統會的會議中，李總統是主委，郝院長是副主委，坐在左邊，他拿起麥克風侃侃而談說了近十五分鐘，分析美國、大陸、台灣三邊的政治、外交、軍事關係。會後學術界的幾位委員沈君山、金耀基及筆者等都讚佩他的宏觀見解。今天在座的許將軍、馬總統、連副總統、錢復院長，可能都會記得二十八年前那一幕。

（三）

今天在這裡參加追思會現場的這麼多將領，你們最大的貢獻是維護了台海和平七十年。諾貝爾只有和平獎，沒有戰勝獎。我們向你們當年微薄的薪水及高度的犧牲致敬。

郝先生出生於二十世紀初，那是一個貧窮的中國與落後的大陸，台灣還是日本的殖民地。百年後的今天，中國不貧窮了，大陸不落後了，台灣更在七十五年前被光復，而且已建設成了一個現代社會。

自己生在南京，次年發生南京大屠殺慘案。十三歲來台，眷村長大，讀完大學。人生一半在大陸與台灣，一半在美國讀書與教書，對兩岸的願望是：二年前（二〇一八年十二月二十二日）我參加清華大學沈君山校長追思會上講的，引述其中四句短語：

兩岸一樣近，兩岸一家親；

兩岸心比心，兩岸一起興。

郝院長與沈校長相交多年，看法接近，相信會同意這樣的期許。

我們今天追思的郝柏村先生是：

・愛國者、實踐者、奉獻者，集三者於一身。

・無私、無懼、無愧，言行貫穿一生。

百年歲月的奮鬥奉獻歷程展現了：

他的心，念大陸；

他的命，獻台灣；

他的愛，歸黃埔；

他把一生的典範留在人間。

二〇二〇年九月號《遠見》雜誌

07許歷農
對戰爭殘酷的諍言

《許歷農傳》，紀欣著，二〇二二年六月三十日，天下文化出版

許將軍一生奉獻縮影

「真實且持久的勝利是和平，而非戰爭。」美國思想家愛默生早在百年前，就曾以此勸勉世人和平的可貴。

對照愛默生的疾呼，戎馬一生、二級上將的許歷農對於戰爭的體悟及和平的渴望，則始自一九三七年日本軍閥引發「七七盧溝橋事變」。出生於安徽貴池年僅十八歲的他，即勇敢響應號召，懷著滿腔熱血，毅然從軍。從皖南戰役到浙贛戰役，許歷農這位年輕戰士用自己的生命，見證了戰爭對人類安定生活的摧殘，這就種下了他以後幾十年不斷地尋求台海和平兩岸共榮。

今年是天下文化四十週年，台灣經歷了逾半世紀的演變，此時此刻出版許將軍的回憶錄格外珍貴。我自己好幾次聽到郝柏村院長公開稱讚：「許歷農是一位零缺點的將領。」當郝柏村院長於一〇一歲高齡去世，在二〇二〇年八月二十三日舉辦追悼會時，許將軍、馬英九前總統、民進黨前主席施明德都坐在第一排，這是台灣民主進程中一個美麗的場景，展現出四位人物政治信念中「異中求同」

的相互尊重。

許將軍歷任政戰學校校長、陸軍軍官學校校長、金門防衛部司令官、總政戰部主任及退輔會主委等要職，受人尊稱的「許老爹」，在其逾半世紀的軍旅生涯中，曾擔任過這些建構國家精神戰力的關鍵角色，晚年則以長期照顧榮民為己任，不但贏得袍澤與民眾的敬重，一言一行更是彰顯愛國愛民的典範。

《許歷農傳：從戰爭到和平》一書包括〈軍旅篇〉〈政黨事務篇〉〈家庭與思想篇〉三大部分，共計十五章，記錄了許將軍跨越兩岸的軍旅經歷，尤其〈政黨事務篇〉包括九章，細述對李總統的失望，加入新黨，創立新同盟會，以及出任國統會副主委，推助兩岸軍事互信機制，促進兩岸和平統一會議等等，內容豐富。最後三章敘述家庭生活，長壽之道及晚年公開發表的論述。

本書忠實地還原了親身經歷過的對日抗戰，政府遷台後兩岸關係的演變，以及民主政治的起伏。在史料價值上本書彌足珍貴，為讀者推開一扇歷史之窗，得以窺見兩岸和平路之遙遠及台灣民主路之艱辛。

作者紀欣女士與許將軍相識多年，對其訪談、論述，曾進行長時間系統化的整理，可說是為本書執筆的理想人選。

戰爭可怕．和平可貴

美國總統艾森豪曾說：「只有親身經歷過戰爭的可怕，才會了解到和平的可貴。」許歷農二十八歲時即因國共內戰妻離子散，四十多年後才再見到自己的大女兒。凡是戰爭的受害者，都會是強烈的和平渴望者。

他在演講中常講到，近四十年來台灣年輕人沒有經歷過戰爭的殘酷。一旦發生，「多少父母失去子女，多少子女失去父母」「造成多少孤兒、寡婦、老母」。「愛台灣就應該努力終止兩岸敵對狀態，結束兩岸政治分歧」。

此刻的台海烏雲密布，中美關係緊張，西方媒體認為台灣是世界上最危險的地區。兩岸領導人必須要全心全力運用智慧與理性做到：中國人不打自己人，中國人要幫自己人。進一步說：台灣朝野要努力取得共識，至少應當包括：

①台灣不打仗，人民無死傷。看看過去的阿富汗與當前的烏克蘭。②不做美

國馬前卒，不捲入戰爭，不把台海變成戰場或墳場。③兩岸展開全面交流：經貿、醫療、科技、數位、教育、文化、環保、體育。

蔡總統與賴副總統的任期還有二年，尚未完成的事太多，要以大智慧與大魄力，加快推動「醫」食住行育樂「和」的七大生活品質指標。簡化地說，就是要加速擴大「開放」、提升「文明」、贏得「和平」。

深厚的中華情懷

我們何其幸運，高齡一〇四歲的許老爹，還持續在媒體分享他的論述。最近發表了〈以俄烏為鑑，台灣別輕信他國挑撥〉（二〇二二年四月二十九日《聯合報》），思路清晰，憂國愛民；並且不斷提醒國人，為了二千三百萬人民的身家性命，要慎防美日兩國加於台灣的枷鎖。

綜觀許將軍，許老爹的一生（一九一九～），三十一年在大陸，七十三年在台灣，他堅持大是大非，始終展現了深厚的中華情懷。他把一生的

忠誠屬於中華民族
信念融入中華文化
溫情留給錦繡河山
願望獻給兩岸和平
老兵精神不死，和平希望永存。

二〇二二年八月號《遠見》雜誌

08 葉萬安
經建功臣的諍言

《台灣經濟再奮發之路》，葉萬安著，二〇二〇年十一月四日，天下文化出版

百年來的中國與台灣

二十世紀的頭二十年（一九〇〇～一九二〇），中國在貧窮落後與被列強分割下求生存。以青年學生為主，以「民主」與「科學」為號召的「五四運動」，就在一九一九年五月在北京展開。

八年的中日抗戰（一九三七～一九四五），中國軍民付出千萬人生命的慘重代價，贏得中國人打敗外國人的民族自尊，並且光復台灣，台灣得以脫離日本五十年的殖民統治。一九四五年中國被稱為世界五強之一。

可惜好景不常，中國又面臨國共內戰。二十世紀中葉，共產黨在一九四九年成立了中華人民共和國。先後在毛澤東、鄧小平、江澤民、胡錦濤、習近平領導之下，中國首先「站起來了」，逐漸「富起來了」，此刻「強起來了」。

海峽這一邊，一九四九年國民黨領導的中華民國政府遷台。一九八六年民進黨成立，打破了一黨獨大，民主政治在台灣誕生，茁壯。

台灣自一九九六年總統由人民直選後，民進黨在二〇〇〇～二〇〇八年陳水扁八年執政，後續在二〇一六年由蔡英文執政進入第五年；國民黨的馬英九則在二〇〇八～二〇一六年執政。二十一世紀的頭二十年（二〇〇〇～二〇二〇），大陸持續推動改革開放，經濟上已變成全球經濟第二大國；台灣二十年來發展方向迷失：內有朝野對立與內鬥，外有兩岸關係的僵持，近有美國政府強力主導下，變成被利用的棋子，主動與被動的購買超過能力的大量軍火。

產生了「五個必然」

四十年前在《聯合報》發表〈天下哪有白吃的午餐〉一文後，從一九九六年直選總統以來，最大的白吃午餐「討好者」與「製造者」，竟是參選的政治人物與競選政見。

選民在聽到一片討好聲中模糊了判斷與是非，忘記了自己的原則與責任。這些慷他人之慨的提倡「新」白吃午餐者的特色是：

• 以統獨、族群、正名、制憲、反中等意識型態的議題，激化內部的分裂與少數人的情緒，來贏取選舉。

• 再以國家資源、納稅人的錢以及政府舉債，不斷對特定團體、縣市、區域、年齡、產業……透過補助、獎勵、研發、施惠、公共建設等名目，製造出更多的官商勾結、地方勢力、各種財團，並且造成獨占與壟斷的既得利益者。

這些好聽與煽動的說法，產生了五個必然的後果：⑴從政者的「討好」替代了「求好」；⑵既得利益者的要求愈來愈大膽；⑶只要想出冠冕堂皇的計畫名稱，經費就可通行無阻；⑷正派經營的意志愈來愈弱；⑸財政赤字愈來愈不可收拾。台灣正站在慌張的十字路口。

嚴峻的國內外大環境

一九七〇～一九八〇年代生命力旺盛的台灣小龍，已變成今天溫水中的青蛙，欲振乏力。這是一個沉痛的轉變。這就是為什麼葉萬安先生這本書的原版書名是《為什麼台灣經濟由盛到衰？》是如此的一針見血刺痛著我們！有識之士早就看到台灣一步一步地走到這個結局。我只是目擊及評論者之一。一九八〇年代末，台灣在浩浩蕩蕩的民主潮流中，沒有政變與流血，贏得了華人世界第一個走向民主國家的讚譽。

令人惋惜的是：除了「投票」的民主，其他的配套完全欠缺，造成台灣民主根基未堅，民主規章未建。在一波又一波的選舉中，以仇恨、對立、內鬥來贏取選票聲，「民粹」乘勢而起，「政治正確」替代理性決策。當國民黨是執政黨時，在立院受到杯葛，議事癱瘓；當民進黨變成執政黨時，立刻靠投票變成「一黨治國」。

基本上來看，自一九八〇年代後期啟動民主列車後，造成台灣經濟欲振乏力的遠因有三：

1. 台灣之弊：不擇手段的爭權、奪利以及官商勾結。
2. 台灣之病：政治及法律上缺少是非、黑白、對錯。

3.台灣之痛：

⑴「白吃午餐」持續擴大。

⑵「決策錯誤比貪汙更可怕」，「錯誤決策認真執行」。

⑶多數「新台灣人」的表現愈來愈走向「明哲保身」與「小確幸」。

難怪資深媒體人張作錦先生要感嘆：「誰說民主不亡國？」但也需要提醒：「誰說壞人沒惡報？」

尋找翻轉的可能

幸虧台灣是衰，還沒有全垮；台灣是有病，還沒有進入太平間。五十六年前（一九六四）我從助理教授開始教書，自後從未間斷探討一國經濟的盛衰、一個世代的教育發展，以及一個社會追求和平的重要。

以台灣發展為焦點時，自己的注意力聚焦於：如何凝聚與時俱進的、台灣需要的現代觀念：政黨與民主如何運作，政府應該如何有效治理，企業應該如何創新求變，人民應該如何自求多福？

如果這些論述真能感動有政治權力的人以及握有選票的選民，那麼台灣能東山再起，重振雄風。政府的領導人和握有權力的首長及民代要記住三組關鍵詞：

- 它不是權力、名位、財勢。
- 它是和平（兩岸）、開放（台灣）、幸福（人民）。
- 沒有穩定的兩岸交流，就沒有安定的台灣發展。

我們社會要對「五個沒有」牢記在心：

- 沒有開放與發展，一切空轉。
- 沒有教育與科技，一切空白。
- 沒有民主與法治，一切空洞。
- 沒有財富與分享，一切空談。
- 沒有文明與和平，一切落空。

執政時的國民黨，一遇到兩岸問題，就格外小心、遲疑。為什麼？關鍵因素之一是社會上總有一股強烈的四分之一的反對聲音，它完全不成比例地掩蓋了及嚇阻了其他的可能選項。這就是「民主」變成「民粹」的一個可怕後果。

台灣近年來面臨的問題與歐美相似：產業結構趕不上科技、薪資普遍過低、貧富差距、老齡化、少子化明顯上升、社會福利無法及時調整、稅率不敢調增等。台灣還有另一組根本性的經濟問題：那就是競爭力衰退、投資不振、輸出減少、人才外流、國際空間不足、簽訂自由貿易協定不易。這些影響台灣經濟長期成長的問題，幸運的是這些棘手問題，完全與兩岸關係的改善相關。

民選出來的總統及立法委員要有智慧與勇氣來面對，處理僵持的兩岸關係，目前台中美三邊的緊張情勢，不是沒有可能化危為安。可惜的是，當台灣被美國政府利用，用來對付國力逐漸逼近的中國大陸時，兩岸關係發生了質變，美方還要台灣大幅增購軍火以自衛，那真是愚不可及。

自二〇〇七~二〇〇八全球金融危機後，大陸居然奇蹟般地已經變成了全球第二大經濟體。一世紀以來，貧窮的中國怎麼可能已經是今天美國國債第一大債權人？大陸近十個省份的GDP已超過或接近台灣。

大陸即使在新冠疫情中，仍然鼓吹「中國不稱霸」「中國要緊密地與全球經濟合作」「中國鼓勵企業參與鄰國的建設」。

太平洋夠大，可以容納二強，德國早在二〇一八金融危機後，傳出了中國將是明日世界「首席小提琴手」的聲音。

我們站在中華民國自身利益立場，應當自信地提出：讓大陸的「和平崛起」變成「中華興起」——結合大陸、台灣、香港、澳門。在彼此平等、相互尊重的原則下，共同構建中華民族的興起。

十九世紀的地緣政治在地中海，二十世紀在大西洋，二十一世紀移到了太平洋。台灣曾有過輝煌的經濟起飛，曾推動了華人世界第一個民主社會；自一九九六年李登輝宣布「戒急用忍」後，台灣跌跌撞撞，既自卑，又自負；想開放鬆綁，又膽小退縮，台灣像溫水中的青蛙已逐漸失去力道。

蔡總統釋放與對岸討論共處之道

台灣必須設法加快在兩岸對等、尊嚴、透明大原則下，與大陸交流、合作、整合，讓「台灣蛙」再顯活力，跳上第二大經濟體的肩膀，登高望遠，看到各種機會；曲直向前，發展各種可能；進一步，結合「小而美」的台灣與「大而壯」的大陸，共同來「找到出路，走出活路」。

令人驚喜的是蔡總統在今年雙十國慶文告中宣示：願與北京對話，彼此尊重理解，討論和平共處之道，共存之方。蔡總統向北京領導人習近平呼籲：正視台灣聲音，共促兩岸和解。這正符合我多年來的期望：以和平替代戰爭，是兩岸相處的唯一解方。

經建老臣提供諍言

葉萬安先生這位台灣財經界幾乎是碩果僅存的老臣，九四高齡不僅思路清晰，且記憶特佳。在「無欲則剛」的退休生涯中，應天下文化之邀，遍查各國資料，細算台灣經濟成長的潛力，增訂《為什麼台灣經濟由盛到衰？》的大著，其愛國熱忱與專業精神，真令我們後輩由衷欽佩。

原版（中華民國慶祝百年時二〇一二年出版）對台灣經濟盛衰已有權威性的評述。去年（二〇一九年十一月）再增添了增訂版序及〈歷任總統經濟施政成果比較〉（約一萬二千字）。此刻之新版中，又增加了他振筆疾書的二萬字，提供了今後發展方向的諍言。這位六十多年前的經建功臣，在強烈的愛國情操的推動下，再貢獻出生命中最大的智慧。

當他看到了雙十文告中蔡總統宣示願意與對岸改善兩岸關係時，想必與大家一樣地興奮，這實在是「對的政策」與「好的開始」。

二〇二〇年十一月四日發表於《台灣經濟再奮發之路》

09 徐立德
成功不必在己

《情義在我心》，徐立德著，二〇一〇年九月九日，天下文化出版

（一）

這本《情義在我心——徐立德八十回顧》新著，將是百年動盪的大時代中，一位重要政治人物在台灣經濟發展、民主轉型與兩岸關係突破過程中的詳實紀錄。作者第一手的分析與直接的參與；兼有現場感與歷史感。

八十年前作者出生於湖北漢口，十四歲隨雙親來台，二十二歲在台灣行政專校畢業，高考及格後分發到考試院擔任薦任科員。他很可能就像大多數公務員一樣，奉公守法、默默工作，然後按部就班地退休。

但是他勤奮好學與力爭上游的個性，以及工作上的優秀表現，在極年輕時就脫穎而出。二十九歲取得了政大政治學碩士，三十一歲就被派至美國美利堅大學進修八個月。

四十歲以後歷任財政部常務次長、省財政廳長。五十歲時，他在事業上達到另一高峰：擔任財政部長、國民黨中央委員，並獲選為美國艾森豪基金會得獎人。從那時（一九八二）起，徐先生就在台灣政壇占了一席之地。

從回憶錄第二部開始，他的從政生涯就與台灣經濟發展、國民黨盛衰、李登輝執政、總統大選，及連宋的分與合、兩岸關係的突破，密切相關。這是關心台灣發展的海內外人士，不能錯過的部分。

（二）

被認為是「青年才俊」的徐先生，擁有很多特質：才思敏捷、有說服力、做事幹練、做人細心，並且潔身自好。他可以廣交四方朋友，但不失分寸；他為了把事情做好，可以委曲求全。他的決策可以有彈性，但把握住原則。這正是台灣走向民主過程中，政治人物所需要的條件：廉能、認真、肯做事、有效率、會溝通、能調整。

四十歲起，徐先生在財經部會擔任次長，然後擔任財經二部部長，開始逐漸「接近」權力核心人士。除了經國先生，他特別受到孫運璿、李國鼎與費驊三位先生的賞識。

然而政治的詭譎多變，五十四歲時因十信風暴坦然辭去經濟部長，雖然問心無愧，但終有壯志未酬，寫出「十信下台留有遺憾」的內心感受。文中他寫著：「我極喜愛經濟部這份工作，也認為適合我的個性。當時的確也全力投入，不眠不休地工作，希望在學者專家企業界共同努力之下，有計畫地將台灣的經濟往前推進。」

抱著失落，選擇去哈佛大學進修，那是一段放空自己與放眼天下的難得歲月。一年後取得公共行政碩士回到台灣。我記得一九八六年暑假在台北，他剛從哈佛回來，聚在一起談到他選過萊克（Robert B.Reich）、傅高義的課，又細讀奧肯（Arthur Okun）的書：《平等與效率：最基礎的一堂政治經濟學》（*Equality and Effciency: The Big Trade off*）。這些著作也正是我在美國教書時常引述的，我們談得興高采烈。記得曾告訴他：「我的志趣就是推廣這些理念，你的才華就是要把這些理念變成適合國情的政策。」等待再被重用的那二年，是他一生中難得的沉潛。

（三）

一九八八年八月，徐先生進入國民黨財務委員會任主任委員，主席李登輝成了直接的長官。他的事業在六十二歲（一九九三年）時，再攀高峰。那一年二月連戰組閣，他出任行政院副院長（並曾兼任經建會主委一年半）。從那一刻起，徐先生就是權力核心之一。

接踵而來的挑戰一波接一波。台灣的財經與大陸政策，國民黨內部權力的更替，連戰二次參選總統（二〇〇〇年連蕭配、二〇〇四年連宋配），連戰的「破冰之旅」（二〇〇五年四月），他無役不與；也無不全心投入。令人印象深刻的是，他在政務官任內推動了不少影響深遠的重大政策（包括推動加值型營業稅制、創設境外金融中心；改組強化中國生產力中心，創立經濟部產業諮詢委員會；推行全民健保、規畫亞太營運中心等），也以在野之身，策畫連宋配與「破冰之旅」，但自己從不居功。這種「成功不必在己」的風範，在政壇已是鳳毛麟角。

台灣有幾個政治人物是可以立大功、成大業、留名歷史的。可惜在權力顛峰時，他們沒有看清世界潮流，也沒有看清台灣前景，只看到片面的民意，部分群眾的歡呼，身邊人士的忘情慫恿；在權力誘惑下，終至產生一廂情願的推斷，帶來了「一步錯、全盤輸」的結局。可惜的是，因為這幾個人物的政治操作與翻雲覆雨，使台灣社會的進步停滯了二十年。我猜想作者的遺憾是他盡力想對他們有一些正面影響來扭轉大局；但事與願違，帶給他深沉的失落。

（四）

近二十年來，不分晝夜地投入公務與選舉，使他的夫人劉勤生女士十分心痛與不捨。當她於二〇〇九年二月往生時，他驀然回首：「我才驚覺對她的倚賴如此之深，而她對我的包容，又是如此之廣；……讓家成了溫暖的港灣，也讓我在公務上無後顧之憂。……近日每思及此，心中既虧欠又感謝。」（引自〈結語〉）。今年二月出版了《劉勤生畫集》，作者又寫道：「她的重要只有在失去之後，才有刻骨銘心的感受。」老伴的過世，帶給他沉重的打擊。往日的笑容、豪氣與幹勁突然消失了。自責過去為了工作，沒有常常在家；現在要來補償，已為時過晚。他沉痛地寫出：「我們未來許多想法與規畫，也都成為夢幻泡影，這種失落與變化，對我來說，實在是無法彌補的缺憾。」心情的鬱卒使他開始研讀哲學與宗教，參悟人生無常的道理。這是書名中的「情」，也是他一生的「愛」。

他的全心投入公務，是為了朋友，也是為了國家。這即是他偶然自嘲的「愚忠」。「朋友」是連戰，「國家」是中華民國。他一直堅信：這個充滿理想的朋友，值得支持；這個充滿顛簸的國家，應當愛護。

十四章〈風風雨雨總統大選〉的最後一段，出現了他最率真的自白：「在這段人生旅途上，我完全扮演連先生客卿幕僚的角色，並未占有任何名位與酬勞，所作所為都不是分內之事，只是憑著對時局的關懷與私人情誼，來盡自己的力量。」

這是書名中的「義」，正是他政治生涯中一直堅守的「義」。

他關心兩岸和平，期待國民黨再起，他更希望看到民族復興。這是他在離開公職後，生命的寄託。他往來於兩岸，終於促成連先生展開歷史性的破冰之旅。兩黨領導人的會面，在握手那一刻，開啟了和平之門，機會之窗。連戰主席與胡錦濤總書記發表連胡五項共同願景，更為二〇〇八年接任總統的馬英九鋪了兩岸和平之路。

連先生沒有取得政權，但獲得了民心——台灣與大陸的；歷史地位遠比擔任總統更高。徐先生近十年輔佐連戰的各種辛勞：遭遇的風險、經歷的痛苦、被遺忘的家人，都在兩岸關係突破上獲得了無形的補償：那就是「和平變成了兩岸共同承諾與追求的目標」。在戰亂中成長的他，已把視野與機會提升到民族的融合與發展。這正是徐先生在他高潮迭起的一生中，再次出現成功不必在己的開創與貢獻。

二〇一〇年九月十三日發表於《情義在我心》

10 唐飛
台北和平之春

不同於「布拉格之春」及其他地區的民主運動，他們人民所經歷的是流血鎮壓民主；「台北和平之春」是「票櫃出總統」，政權在五月的春天，和平地轉

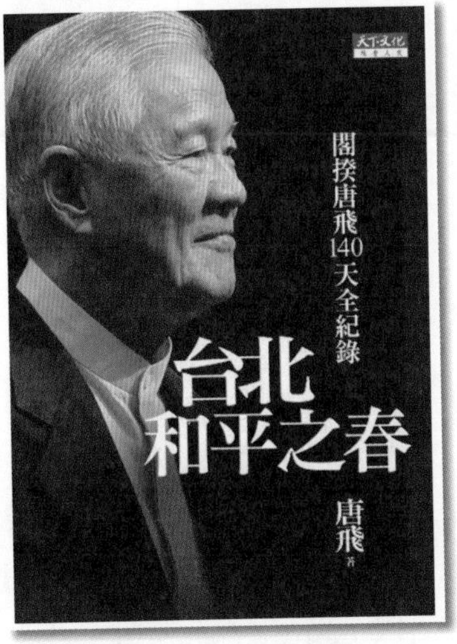

《台北和平之春》，唐飛著，二〇一一年八月十六日，天下文化出版

移。

唐飛的生涯，從出生入死的空軍飛行員開始，以首任閣揆見證第一次政權和平移轉劃下句點。

一生的貢獻，變成了大時代中戰爭與和平的傳奇。

二〇〇〇年三月十八日，總統大選揭曉。民進黨候選人陳水扁、呂秀蓮以不到四〇%的得票率險勝。這次空前激烈「相對多數」的勝出，產生了中華民國歷史上第一次政權的和平轉移。

這個勝利來得有些意外。少數黨的陳水扁，立即要面對排山倒海而來的各種決策。他從不怯場，但情勢不容樂觀，壓力每日俱增。總統當選人立刻警覺到：審察國內外變數，自己沒有走錯一步的空間。第一個重大的人事決定，就是要選對行政院長。

在各方猜測與矚目之下，陳水扁揭開謎底，在三月二十九日宣布他選擇了國民黨籍的唐飛。唐飛時任蕭萬長內閣的國防部長。國內享有高度的民意支持；國外則深得美國信任。空軍幼校出身的唐飛，曾在美國及南非擔任武官，擁有強烈的使命感、榮譽感與國際歷練。他做事冷靜沉穩，做人誠懇守分，溝通力與分析力俱強。歷任空軍總司令、參謀總長，是繼陳誠、郝柏村之後第三位出將入相的行政院長。

一個半月後，出身清寒的台大高材生，將意氣奮發地走出台北市長連任失利的陰影。當這位民進黨的新總統背負著「台獨政綱」，登上權力巔峰時，國內外都在看：將如何處理李登輝留下來的棘手的兩岸關係？以及面對國民黨在立院的多數掌控，他又將如何實現他的選舉支票（廢核就是一個大關）。

勝利的火焰剛熄，各方的戰鼓已四處響起。

新總統吃了顆定心丸。六十八歲的唐飛，決定以「國家為重」，「讓我們一起改革」打亂了他自己的生涯規劃，接受任命。上任前還意外地住院開刀。憑著一股強烈支持的民氣以及置之死地而後生的勇氣，個子不高的四星上將，隻身走進行政院，擔任了一百四十天的閣揆。

這是他一生最短的一個任務，但也是他終身最難忘的經歷。

我們十分感謝唐前院長接受了天下文化的邀請，親自整理出這些日記以及補述了一些相關材料，才能有這本重要著作問世。

讓我們重溫我國民主憲政史上驕傲的一頁——二〇〇〇年政權和平移轉的五月。

在慶祝「百年中國」之際，我們應當向全世界宣稱：這就是台灣的「寧靜革命」，這就是中華民族五千年以來的「台北和平之春」。

讓我們靜下心來閱讀，唐飛院長如何記述與評論「事無不可對人言」的一百四十天。

二〇一一年八月號《遠見》雜誌

11 錢復

見證台灣政經風雲年代

《錢復回憶錄》典藏版．卷一～卷四，錢復著，二〇二三年九月十五日，天下文化出版

「最後一張王牌」

盼望已久的錢復先生第三本回憶錄終於出版了。

二〇〇五年，「天下文化」出版了兩冊《錢復回憶錄》（卷一、卷二），記錄這位被譽為「外交才子」的專業貢獻；尤以一九七九年台美斷交前後，以及一九八〇年代面臨的外交挑戰，做為時任行政院長孫運璿的「最後一張王牌」，當時全國都寄望錢復能在台美斷交、中美八一七《上海公報》之後，為台灣扭轉劣勢，而錢復果然不負眾望，表現出色，為中華民國開拓新局。

《錢復回憶錄》前兩冊止於一九八八年初。第三冊《錢復回憶錄：1988-2005政經變革的關鍵現場》接續一九八八年蔣經國總統辭世之後的發展。錢復陸續擔任四個重要的職位：經建會主委（一九八八年七月到一九九〇年六月）、外交部長（一九九〇年六月到一九九六年六月）、國民大會議長（一九九六年七月到一九九九年一月）、監察院長（一九九九年二月到二〇〇五年二月）。

蔣經國總統於任內最後兩年，加速推動民主進程，激起台灣社會的政經活力。一九八八年甫從外交轉入經建領域，自稱是經建「門外漢」，但觀察兩年任期內的作為：改善投資環境，獎勵民間投資公共建設，公營事業民營化，以及全民健保的初期規畫，在後威權時代的政治轉型過程，他都展現國際視野的思維與高度，解決經濟面臨的問題。尤以過去豐富的外交歷練及充沛人脈，一九八九年接待新加坡總理李光耀來台，書中記錄了李光耀對台灣民主與兩岸關係發展的對話概要，直言台灣錯失掉很多順勢而起的機會。現在讀來，既有先見之明，更多是深刻的警惕。

一九九〇年，時任行政院長郝柏村邀請錢復重回外交領域，出任外交部長。此時的「外交才子」已有駐美大使的豐富歷練。他於一九九一年曾提出一個重要看法：「大陸政策決定台灣未來走向，攸關台灣興亡，位階應高於外交政策。」此一看法受到普遍認同，兩岸關係是外交政策的上位。如果領導階層，真能做到，那麼兩岸情勢怎會近年來演變得如此令人憂心？

一九九六年六月，錢復結束外交部長六年任期，李總統安排他進入國民大會，當選國大議長，主持修憲，親身見證民主議事如何影響未來國政運作，對於凍省、總統直選採相對多數制等憲政議題，有深入的剖析。

二〇〇四年的總統大選投票前夕，發生陳總統遭槍擊案，錢復時任監察院長，受陳水扁力邀出任特調會主席，見證與記錄這段歷史公案。

在每一個重要職位，錢復以廣受稱道的博聞強記，記之述之，帶我們重回歷史現場。

重要的回顧與思索

二〇〇五年二月公職退休，卸下監察院長，淡出政壇，接任國泰慈善基金會董事長，投入公益與國民外交。並於二〇一九年接任蔣經國基金會董事長，推動國際漢學與中華文化的研究，以此緬懷經國先生對華人社會的貢獻。

本書始於二〇〇五年整理資料與撰稿，最後定稿於二〇一九年十月，寫作十四年餘，完稿約三十二萬餘字，涵蓋三任總統，歷經台灣三次民主轉型：解嚴（蔣經國時代）、直接民選總統（李登輝時代）、首次政黨輪替（陳水扁時代），是錢復從政以來最成熟的深入觀察與代表作。

二〇二〇年開春，台灣面臨更多國內外的重大挑戰，如台美中三邊關係的微妙轉變，地域政治因川普政策出現不確定性，以及中國大陸在國際舞台上角色的擴張，處處增加我們的危機感。

《錢復回憶錄》（一九八八～二〇〇五）穿越了台灣民主轉型及社會發展的關鍵時代，此一時刻出版，對國人提供了重要的回顧與省思，不可不讀。

二〇二一年四月一日發表於《錢復回憶錄典藏版・卷三》

12 連戰

改變，才有希望

《連戰回憶錄》，連戰著，二〇二三年一月十七日，天下文化出版

治國理念與政策主張

在充滿不確定與危機感的大環境中，二〇〇四年三月二十日台灣的總統大選，變得空前的重要。它影響了，甚至決定了，台灣的命運。

選民——特別是中間選民——所最關心的，是候選人的治國理念與政策主張，而在喧譁的媒體上，常不可得。

陳水扁先生於一月間出版了《相信台灣：阿扁總統向人民報告》，二月下旬天下文化出版了連戰先生的《改變，才有希望》。一千餘萬的選民，可以從這二本書中來比較分析他們的政見與遠景。

十餘年來，我在《遠見》雜誌對「如何做領導人」曾發表過一些評論，摘引一則。在一九九二年十一月號的《遠見》上，我對當時的李總統有五項期許，原文是這樣寫的：

(1)做全民的總統：不是做本省人的總統，也不是做財閥、地方派系、利益團體所擁護的總統。

(2)做治國理念的推動者：當國家進入多元化時代中，治國的崇高理念——民主、法治、均富、憲法、統一等等，需要釐清、需要鼓吹、需要堅持。

(3)做一國的道德領袖：在當前社會紀律蕩然、道德標準衰廢之際，總統更可以發揮宗教情操、樹立正義與公平的標竿，做老百姓仰慕的楷模。

(4)做憲法體制內五院間爭執的仲裁者或大傷痕的癒合者。

(5)做國家利益的維護者：超越省籍情結與統獨之爭，維護中華民族的永久利益與中華民國的長期利益。

要為下一代創造機會

黎明前的一刻，分外黑暗。面對陳水扁的連任，人民要「忍」，也要「顛覆」。「忍」是指再忍到五二〇就會見到旭日東升；「顛覆」是指對執政的人與執政的黨，「做不好，就換掉」。

政治人物的責任就是化「夢想」為「現實」，化「零和遊戲」為「雙贏」。

在雙贏的架構下，台灣海峽將變成溫世仁先生所形容的「消失的海峽」。

拋棄歷史上的猜忌與仇恨，歷史新的機會就在我們眼前。沒有變局所付出的代價，就沒有產生新局的動力。雖然大家付出了昂貴的代價，但或許是民主化過程中政權輪替所難以避免的。我希望對政治人物失望，但不絕望的人，在本書中找到了新的希望。我也希望對台灣前途徬徨，但又深愛這塊土地的人，在本書中找到了新的方向。

挑戰陳水扁的連任

總統的視線不只是現在，更看到未來；總統的決策，不能只注重個別團體，更要照顧整體利益。總統的心思不能一直在競選之中，只看著下一次選舉。總統不能為了一時討好而遺禍後代，不能因一時權宜而破壞制度。總統要為國家想未來，為下一代創造機會。只有未來充滿了希望，才能看到有活力的今天。

我們相信：此刻的台灣，需要改變，改變才有希望。

台灣的新局，是台灣歷史的新篇章。只要我們付出心血，每一個人都可以是主角，都可以留下紀錄，都可以留下驕傲。

後代子孫回顧這一段新局的誕生，或許會以讚賞的口吻說：「那真是一個動人的年代，充滿了動人的故事。」

二〇〇四年二月二十日發表於《改變，才有希望》

13 馬英九

八年政績反映在兩岸和平交流

《八年執政回憶錄》，蕭旭岑著，二〇一八年十二月二十日，天下文化出版

（一）

二〇〇八年三月二十二日，馬英九先生當選中華民國第十二任總統，得票數七百六十五萬張，得票率五八．四五%，創下台灣民主選舉中的歷史新高。在如日中天的民意聲中，馬英九於是年五二〇接任總統，無情的考驗卻接踵而至。

引發全球經濟衰退的金融海嘯，發生在接任後的第二個月，緊接著立法院否決了馬總統首任提名監察委員及監察院副院長的提名名單，內政上的挑戰與挫折一件又一件，卻無礙於他的決心，要立刻推動兩岸直航，促進兩岸和平，帶領台灣走向國際。

在「不統、不獨、不武」與「和陸、友日、親美」的政策思考下，馬總統於書中提出了他治國的歷程。中華民國自一九九六年首次民選總統以來，共有三位退休總統李登輝、陳水扁與馬英九，馬英九寫出了總統回憶錄的第一本：他的真誠與反省，剖析過去政策的得與失，提供給後來者參考，也給社會大眾一個回看台灣發展的契機，我們是否錯過了什麼？未來可以往哪一個方向？

（二）

馬英九八年總統的生涯，真實地反映出台灣民主政治的殘酷困境。受制於現實政治中權力運作及利益交換的潛規則，政壇上「廉」者於「能」多半受到牽制。以「清廉」、「守法」為首要考量時，用人與做事難以施展，政治人物間良性互動亦受影響。

馬總統的人格特質一直沒變：公私分明、嚴以律己、謹慎規矩。如總統府內溫度的管控、出國訪問不住總統套房、開會吃便當、自己捐款超過七千五百萬台幣、捐血近兩百次。

他不擅權謀，決策要公開透明。這樣的個性下，所推出的政策，是不易在當前利益勾結與權力共生的派系中獲得支持。

進一步說：馬英九心中有法理，手上卻少籌碼；道理常在，道路常不在。他的「正派」敵不過「黨派」；他的政策「美意」擋不住反對者的「生意」。對「清廉」與「守法」的堅持，使得馬英九在政策上難以施展。工作到深夜的馬總統，變成了總統府中孤獨的身影。

卸任後接連而來的起訴事件，使人民對「法治」的公正，引起了普遍的疑慮。

馬總統八年來最大的政績，是奠定了兩岸和平的基石，兩千三百萬人民感受到了「和平」帶來的「紅利」。

歷史會記載：馬總統在兩岸關係上是一位「和平總統」；在政治風格上，選擇了一條人跡稀少的「君子之道」。「君子之道」在政治運作中，會是一個絆腳石；但在政治領袖操守上，會是受人尊敬的紀錄。

本書作者蕭旭岑先生，是一位優秀的資深媒體人，寫下馬英九總統執政的歷程，完整表達一位總統的八年心境，力道與厚道兼具的筆鋒，文辭並茂，值得細讀。

二〇一八年十二月二十日發表於《八年執政回憶錄》

14 王建煊
政治是「無私的奉獻」

《同胞們！莫再沉淪！》，王建煊著，二〇一四年八月二十一日，天下文化出版

從鬥士到烈士

放眼當前台灣政壇人物，受到選民議論的多，得到選民尊敬的少。王建煊是一位極少數受到選民尊敬的政治人物。

選民對他的尊敬與支持，既來自他的「有所不為」，也來自他的「有所為」。從基層科員到財政部長，他不只是消極的潔身自好，更在於他在各個崗位——特別是在財政部長任內——勇於任事。正因為他在部長任內勇於任事，一位為廉能政治獻身的鬥士，不幸變成了黑金政治下的烈士。這不是個人的挫折，而是國家的損失，更是奸詐戰勝忠良的最惡劣示範。

令選民感到正義還在人間的是，在那年年底的立委選舉中，王建煊以最高得票率當選。原因無他，選民就是要選他出來做「好人出頭」的代言人。

政治是無私的奉獻

立委朱高正曾說過：「政治是高明的騙術。」對王建煊而言，「政治是無私的奉獻。」他認為：眾人之事的政治，應當為人民服務，為理想奮鬥，更為後代子孫的幸福奠基。

把政治看作高明騙術的政治人物，遲早會犯這些錯誤：

(1)施政與民意違背，人民急躁不安。
(2)政府無能，社會公平與正義消失。
(3)高層官商（包括民意代表）勾結，貧富差距擴大。
(4)當權者攬權，法治難以建立。
(5)政府支出龐大，發生嚴重財政赤字。
(6)投資環境惡化，競爭力削弱，經濟不振。

近年來在亞洲政壇上，韓國、印尼總統的更迭，日本首相與泰國總理的頻頻換人，都可從上面六大原因中找尋答案，不論是哪一個答案，選民還是看清楚了主政者的平庸、獨斷、私心與貪婪。

對付政壇小人要靠好人

多元化的台灣社會，充滿了生命力與創造力。可惜，其所遭受最大的阻礙來自政治不清明、法治未建立、正義受踐踏。其結果是小人充斥政壇，好人難以出頭。

關於小人，余秋雨先生有一段生動的描述：小人是「一群沒有立場的遊魂」，說出「無法驗證的美言」，做出「無可檢收的許諾」，對主人「具有不可或缺的忠誠」，對周圍「捏造四面八方的埋伏或危機」。換句話說，在政壇上，小人是散放謠言的高手，製造傾軋的高手，也是打擊對方的黑手。當小人出現在高層時，就是有「小人誤國」的危機。

對付小人，只有靠好人。

好人不是隨和，就沒有原則；好人不是心善，就不辨是非；好人不是沒有脾氣，就隨波逐流；好人不是沒有看法，就東倒西歪。

「好人」可以分二種，一種是小市民式的好人，一種是政壇上的好人。

小市民式的「好人」是分布在每個階層、每個角落那些殷實的、努力的、自愛的、守法的、流汗的、納稅的老百姓。

他們既沒有權勢，也無法關說。他們所企盼的就是一個安定的、公平的、有希望的生活環境。他們可以憑藉自己的汗水來出頭，尤其是要使他們的子女有一個更美好的未來。因此，計程車司機的兒子，可以變成工程師；賣菜老婦人的女兒，可以變成女博士。這些「小」市民，正就是王建煊投身政治最要創造「好人出頭」的例子。

政壇上的「好人」，也可稱為「君子」，真是鳳毛麟角。在過去的財經界，我們會立刻想到孫運璿、俞國華、李國鼎、張繼正、趙耀東、王昭明諸先生。沒有這些傑出的財經領袖，怎會有所謂「台灣經濟奇蹟」？而這些人王建煊也都追隨過，也都受到他們的賞識。

提倡「好人出頭」的王建煊，自己就是一個比好人更好的人。

不折不扣的好人

認識王建煊，從高中時代開始，已逾四十年。這些年來，我們一直是君子之交淡如水。但長期的從旁觀察，我佩服他持久的熱忱、無私的奉獻與傑出的成就。

正因為他言行上的嫉惡如仇，公務上的秉公處理，尤其他在擔任財政部長時的「愛心查稅」，使一些心虛的大財主對他「恨之入骨」，正如一些人對擔任法務部長時的馬英九一樣，定要「去之而後快」。

我不在乎他屬於哪一個黨，我不在乎他競選什麼職位；但是我在乎在這個是非不明、對錯不分的時代，我們應當要讓王建煊這一位不折不扣的「好人」出頭。透過他的努力，才能夠讓更多的好人出頭！

一九九八年十月九日發表於《讓好人出頭》

15施明德
無懼的生命奉獻

《無私的奉獻者》，施明德著，二〇〇二年九月三十日，天下文化出版

一些重要的著述

近八年來，天下文化出版了四十多本政治人物的書，展現出政治理念上不同的光譜。列舉其中重要的代表作：

一九九四：《無愧——郝柏村的政治之旅》（王力行著）
一九九五：《誠信——林洋港回憶錄》（官麗嘉著）
一九九八：《追隨半世紀——李煥與經國先生》（林蔭庭著）
一九九八：《許信良的政治世界》（夏珍著）
一九九八：《蘭陽之子游錫堃》（林志恆著）
一九九九：《壯志未酬——王作榮自傳》（王作榮著）
二〇〇〇：《連戰的主張》（連戰著）
二〇〇〇：《張俊宏獄中家書》（張俊宏著）
二〇〇〇《李登輝——一九八八～二〇〇〇執政十二年》（張慧英著）

二〇〇〇：《變天與挑戰》（郭正亮著）
二〇〇一：《台灣良心話》（呂秀蓮著）
二〇〇一：《愛憎李登輝——戴國煇與王作榮對話錄》（夏珍記錄）
二〇〇一：《別鬧了，登輝先生》（陸鏗、馬西屏訪談）

做為一個知識份子，如果不細讀推敲這些重要政治人物的言行紀錄，是無法解析台灣政局的弔詭；這些書也就變成了研讀台灣政治發展的重要素材。可惜的是，局中人的敘述仍有保留，造成局外人的透視仍有模糊。但是每多出一本政治人物的著述，也就對台灣政情版圖增多一分瞭解。

以生死塑造出的文章

在二〇〇二出版施明德先生所著的《無私的奉獻者／狂熱的革命者》，就如兩年前出版《張俊宏獄中家書》，更是把讀者帶回歷史現場。

前面所引述的著述，大都來自國民黨執政時的政治人物，而施先生是在牢中度過二十五年的政治犯。他與他們的遭遇何其不同！但在今天看來，得到更多尊敬的是這位堅持民主與人權的階下囚，命運又何其捉弄！

在綠島「人權紀念碑動土典禮」中，施明德氣勢磅礴地說：「當權者沒有要求受害者放棄悲情的權利，而受難者則有一個高貴的義務，必須去執行，那就是點燃寬恕之火。」

如果二十五年的囚禁是一生中最殘酷的煎熬，那麼當他以生命做賭注爭取來的政黨輪替，竟然帶來了今天這樣混沌的政局，是否會有無語問蒼天的悲愴與淒涼？本書所收錄的三十一篇文章（一九七五～二〇〇二），都經過作者生與死、血和淚的洗鍊，為讀者對台灣民主的崛起，提供了第一手的材料及思考線索。讀者可以否定他的論點，但不能不佩服他的堅持。

永遠的奉獻者

四年前，在民進黨尚未執政前，我在一篇短文中（一九九八年二月號《遠見》雜誌）「曾經有幾次與民進黨領袖施明德及林義雄兩位先生相敘的經驗。在交談中強烈地感受到他們對民主政治的執著、對一個忠誠反對黨原則的堅持，以及對這片土地的熱愛。

「即使談起長年的綠島囚禁，施先生所表達的幾乎是一種灑脫的追憶。想起可以為台灣社會做的事，林先生侃侃而談『慈林教育基金會』的理想與工作。從身受大難的這兩位朋友言談之間，我沒有意識到他們的憤怒、仇恨，或者他們要報復、以牙還牙。他們兩位已經擁有超越『報復』的氣度。」

近年來，施明德千山獨行，提出「大和解」（他相信二十一世紀是大和解的世紀），化解族群情結；又向各方傳播：「忍耐是不夠的，還必須寬恕。」他更刻骨銘心地坦承：「承受苦難易，抗拒誘惑難。」

對萬千選民，以及識與不識者，施明德當年的叛逆與狂熱，早已被他近年來所提倡的人道及博愛所替代。政治人物中，施明德就是一個「異數」不斷的自我進步、自我跳躍。

今天的施明德，得到四面八方的尊敬，正就是因為他不再屬於任何一個政黨，不再堅持任何一個教條。如同奇蹟式地，在混濁的政治主流與非主流中，他代表了一股清流。當兩年前民進黨變成執政黨，是別人戴上了權力的桂冠，披上了權威的彩虹。施明德在去年年底立委選舉失敗後，一無所有；但擁有一個不貪婪、守原則的高貴的政治靈魂。

在台灣民主發展史上，施明德變成了一個永遠的奉獻者。

正如他自己所寫：「每個時代都有奉獻者，奉獻者總是扮演著悲劇的角色。奉獻者深知自己的旅程必是孤單、坎坷、淒慘和布滿血淚的。」

更如他在一九八三年十一月三十日獄中禁食期所要求：當他離開人世時，他的墓碑上要刻著三個大字：「奉獻者」。

二〇〇二年九月三十日發表於《無私的奉獻者——施明德》

16 章孝嚴是蔣孝嚴

經國先生留給人間的豐富遺產

《蔣家門外的孩子》，蔣孝嚴著，二〇〇六年五月五日，天下文化出版

（一）

在我們已出版的傳記中，蔣孝嚴先生親自執筆的這本著作，彌足珍貴。當經國先生於一九八八年元月去世後，我曾在《遠見》一九八八年四月號寫過一文：〈章孝嚴首次親述童年、成長、抱負〉。文中有這樣的敘述：

經國先生逝世，舉國痛失領袖的時候，外交部次長章孝嚴與東吳大學教務長章孝慈這對雙胞兄弟，也同時失去了父親。

「我對總統充滿了尊敬。」章次長語氣堅定的說。「我對他老人家只有愛。」他含著淚水一個字一個字慢慢的吐出這句話。他仍然有時會半夜從夢中驚醒，呼喚著父親。

章夫人黃美倫補充：「他醒來淚水滿頰。這件事情剛結婚的時候比較常有，後來有了家，有了子女就少了很多。」

「我可以在白天忍受很多很多事情，但夢裡沒有辦法控制。」章孝嚴接著說。追憶出生後不久就去世的母親，他說：「我一想到母親就難過，她實在是一位偉大的女性。

「我不知道母親去世的眞實年紀，大概接近三十歲。我也不確切知道自己到底是哪一天、哪一個時辰出生的。」

一位當時在經國先生左右的人士私下透露：「這段戀情雖然悲劇式地中斷，但經國先生一生無法忘懷，對她遺留下來的雙胞胎男孩，更是無時不在心中掛念著。」

新竹是另一個起點，時間是民國三十八年。撫養他們兄弟的是外婆與大舅舅。那是一段超過十年窮困的生活。窮困的生活否定了有人細心撫養這對兄弟的報導。

清苦的生活能夠忍受，但是沒有雙親的少年時代，使兩位兄弟若有所失。模糊的家世開始蠶食他心中的平靜。

對於自己的家世，章孝嚴說：「我從不談。」「到我快結婚的時候，我才簡略的告訴 Helen（美倫的英文名），這也是為什麼我決定不在台北，而在比利時結婚。」

章孝嚴在擔任北美司司長的時候，某日一位外籍記者突然問起他，是否有特殊的背景？他立刻嚴正的答道：「今天是來談國家大事，不是私事。」

在妻子的心目中，章孝嚴是一個完美的丈夫：「他有深厚的內涵，學養很好，替人著想，樂意幫助別人，而且風趣、幽默。」她想不出丈夫的缺點時，章孝嚴自己加了評語「個性滿強的。」

外婆的教養、自己的好勝、尊貴但又模糊的家世，把章孝嚴鍛鍊成了他妻子所形容的「逆來忍受」、「力爭上游」的性格。章孝嚴自己也認為：「愈經過煎熬，韌性會愈強，奮發精神會愈旺盛。」

在比利時學法文，在美國學英文，使他能熟練的運用英、法兩國語文。在喬治城大學獲得的碩士，增進了他的專業知識。

在章孝嚴外交生涯歷程中，鮮為外人所知的是：家世常常是阻力，而非助力。他一再表示：「我不要求特別照顧，也不接受特別的限制。」

當有人誤以為他的家世，帶給他事業助力時，他就會率直的說出他心中的感觸：「如果沒有通過考試，我不知道章孝嚴今天會在哪裡？」

「對於過去的遭遇，我與孝慈是心存感激。比較辛苦的成長過程，給了我們一般年輕人所沒有的歷練。」

「因為我愛他老人家，我完全能體諒，在我們社會中，他老人家能做的與不能做的。我們是父親的兒子，我們也是母親的兒子。」他對父親有至深的愛，對母親有至深的痛。

（二）

在章孝嚴兄弟的生命地圖上，贛州是母親愛情的起點，桂林是母親生命的終站，大溪則是父親的安息之處。

憑著自己的毅力與才華，章孝嚴在外交領域開拓了另一片天空。

當二〇〇五年春天，章孝嚴是蔣孝嚴時，他為他父親與母親的一生，畫上了最圓滿的句點。

除了他的夫人之外，我做為最先讀到手稿的一個朋友，在被感動得淚眼模糊中，我看到了一位章家的孩子孤單地、堂堂正正地進入了蔣家大門。那一刻，蔣孝嚴想必是報答了母親最大的心願，撫平了父親最大的心痛。

六十五年的歲月是等待、是折磨、是苦澀、是沉默；但更是逆流而上的奮鬥軌跡。

一生清廉的經國先生，留下了一筆豐富的人間遺產：蔣孝嚴。

二〇〇六年五月五日發表於《蔣家門外的孩子》

17 丁渝洲

傑出無私的國安局長

《丁渝洲回憶錄》，丁渝洲、汪士淳著，二○○四年二月二十日，天下文化出版

為歷史留下紀錄

以傳播進步觀念為己任的天下文化，二十多年來，先後出版了實際參與台灣發展重要人士的相關著作。這些人士都是廣義的英雄，他們或有英雄的抱負，或有英雄的志業，或有英雄的功績。在發表的文集、傳記、回憶錄中，黨國元老、軍事將領、政治人物、企業家、專家學者都坦率而又系統地，以歷史見證人的視野，細述他們的經歷軌跡與成敗得失。

就他們所撰述的，我們尊重，但不一定表示認同；我們的態度是：以專業水準出版他們的著述，不以自己的價值判斷來評論對錯。我們所希望的是，請每一位人物或自己執筆、或親自口述、或經由第三者的觀察與敘述，寫下他們的歷練與感受，為歷史留下一頁珍貴的紀錄。

國家的珍貴資產

在此時此地，出版《丁渝洲回憶錄》，我首先要指出：雖然天下文化過去出版過情治首長的書，如《忠與過——情治首長汪希苓的起落》、《中立——國家調查員王光宇解密》，但以擔任過國家安全局局長及國安會祕書長雙重職位的，本書作者是第一位。因此本書就格外值得海內外讀者的重視。

此書剛好在二〇〇四年總統大選前一個月出版，本書內容是否會影響選情？丁先生在序言中說：「我絕無絲毫想影響任何選情之意，我相信也不會影響選情。」在〈尾聲〉一章中，他又直言：「退下來後，藍綠陣營都不把我算進他們的陣營裡，這代表我服公職時確實做到行政中立。」這就是丁先生畢生對國家忠誠無私的一貫態度！否則，他的公職生涯近年來怎麼可能會有這樣的轉折？

第一次見到丁先生，是在他辭去國安會祕書長之後。多少年來已很少碰到一位首長，能立刻就被他的見解、無私、愛國、率眞所感動。經過不斷的溝通，終於說服了先生來敘述他的一生經歷；並且又承汪士淳先生於百忙之中參與撰述，完成了這一本極富價值的《丁渝洲回憶錄》。

就像他一生的為人處事一樣，這是一本丁先生自我要求極高的回憶錄。如果有人想從中尋找政治上的恩怨是非、內幕爆料等這種題材，那就會很失望。反之，書中細述了一位軍人忠誠無私的心路歷程，發人深思。丁先生在書中引述一位長官的話：「軍人是英雄的事業，同時也是無情的事業。」丁先生親身經歷過二者的洗禮；對丁先生來說，軍人更是良心的事業。為此，他付出了一生的青春、心血與忠誠。

沒有國家的培育，不會有丁渝洲；沒有丁渝洲的嚴格自律，國家就不會出現這麼一位傑出的軍事將領與國家安全首長。

丁渝洲將軍是中華民國的珍貴資產。這本回憶錄也正是他六十歲時，一位上將對熱愛的國家與人民所做出的另一種奉獻。

二〇〇四年二月二十日發表於《丁渝洲回憶錄》

18 楊志良
面對「台灣大崩壞」

《台灣大崩壞》，楊志良著，
二〇一二年四月二十七日，
天下文化出版

可貴的忠言

當台灣「經濟奇蹟」在一九七〇至八〇年代受到國際重視時，有時回到台北參加國內外學者的討論會。我立刻得到一個強烈的印象：國外學者從宏觀經濟指標看台灣，無不稱讚；國內學者從微觀的自身經驗則有不少批評。這就是我常引用的譬喻：外國人從望遠鏡中看美人臉的一個黑點是美人痣；本國人從顯微鏡下看到的是一個疤！把這個譬喻用到今天的中國大陸，是否也很真實？

美國總統大選十一月投票。我關注的一個辯論題目是：美國國力是否在衰退中？歐巴馬說：「當然沒有。」而不少學者（包括我在內）則認為：「當然在衰退中。但是如果國會與社會能夠凝聚共識，採取對策，美國的衰退，不僅可以止跌，而且可以回升。」

民主社會的一個可貴，就是永遠會有專家學者，從長期或者悲觀的一面提出忠言。

「新四不一沒有」發人省思

我們何其幸運終有憂心忡忡的政府官員勇敢地發出忠言：當年的經濟部長趙耀東、財政部長王建煊，以及去年辭職的衛生署長楊志良。

在前署長去年出版的《拚公義，沒有好走的路》新書中指出：台灣稅收占GDP不到一三%，是一個很差的國家，因為政府沒有稅收可以把社會做得現代化。民主國家徵稅高，表示進步，人民信任政府，把錢繳給政府來做事，自己的個人儲蓄就不需要高。他大聲疾呼：「四根支柱救台灣：廉能施政、公平加稅、合理漲價、照顧弱勢。」我個人完全贊同這個溫和、周延、合情合理的政策建議。

經過近一年的深思與熟慮，重返大學任教的楊教授推出了一個更重要的新著：《台灣大崩壞——挑戰沒有希望的未來》。

這位在密西根大學受過「人口計畫」嚴格訓練的博士指出了台灣面臨的「新四不一沒有」：

(1)不婚：剩男剩女如過江之鯽。
(2)不生：二〇一〇年生育率全球最低。
(3)不養：每天都有孩子被棄養。
(4)不活：每天超過十人自殺身亡。
其結果是：多數年輕人覺得「沒有」前景。

書中提出的資料很豐富，但作者的目的不是在嚇唬讀者，而是深入地透視問題，有方法地提出解決之道，試看三部十章的標題：

第一部共三章：放眼未來，看不見希望

第二部共四章：因為過去，做得不好

第三部共三章：現在，只能奮力一搏

儘管全書的筆調充滿了失望，甚至憤怒，但是楊教授沒有放棄，他提出了沉痛的吶喊：「是你也是我，是全體的我們短視近利過日子，沒有為後代著想；也是全體的我們選出操弄民粹的政客，戕害了台灣的未來，陷台灣於危境。急起直追，奮力一搏，是現在唯一的路。」讀完全書，你就找到了答案。

一些補充

半世紀前從威權的台灣到民主的美國去讀書，年輕的我們太嚮往新大陸的民主、自由、開放。回到台灣後，八年前在我出版的《八個觀念改善台灣》一書中，有這幾句沉痛的體認（頁六）：

民主政治不保證政府廉能
言論自由不保證優質民主
多元社會不保證族群和諧
教育普及不保證超越意識型態

當貪汙、民粹、內鬥等現象同時出現時，令我焦慮；在楊教授專研的領域中，也出現了「新四不一沒有」；如果再把我較熟悉的財經問題放進來，其根源來自我最擔心的二個心態「保護」與「白吃午餐」。「保護」使人才、資金、技術、勞務、產品的流動都遭遇各種限制；「白吃午餐」則低估了自己的責任與代價，高估了政府的能力與效率，二者的出現使任何改革窒息難行。

台灣還幸福嗎？遠見三月底首次發布「台灣幸福感」調查。最重要的發現是：⑴十二項個人幸福感的平均為六四・二分；⑵評價「社會快樂」則為四八・九分。我的結論是「小我」小幸福，「大我」不幸福。

台灣還有救嗎？當然有。只要台灣有楊志良敢說真話的這種人存在。「台灣不崩壞，有你。」是楊教授對社會痛苦的貢獻。

二〇一二年四月二十七日發表於《台灣大崩潰》

19 蔣孝勇
人間還有「孝」與「勇」

《寧靜中的風雨》，王力行、汪士淳著，一九九七年五月十五日，天下文化出版

沒有蔣孝勇先生的逝世，就不會有這本書這麼快的誕生。這本用生命消失及長年相識換來的書得之不易。

如果孝勇的過世，為蔣家三代劃了休止符，那麼這本書正是謝幕之前的最後一章。

認識的過程

話要從十餘年前說起。冬天的一個下午，我的老友朱堅章教授打電話來：「孝勇先生想認識你，請我約個時間你們見面。」一個禮拜以後，我出現在他的辦公室。當時蔣經國先生還健在，他似乎有相當周密的安全保護。

第一個印象是他機靈、禮貌，言談之中不失率真，舉止上亦無傲氣，關心知識份子的看法，對社會民情亦頗了解。我們似乎一見如故。

就這樣展開了十餘年的相識。話題通常從他看過我當時發表的短文開始。只要我們都在台灣，每隔一小段時間，總約我單獨見面。經濟、政治與兩岸關係是最常談到的主題。亦從談話中略知經國先生對一些人與事的看法。

每次聊天都在他的辦公室（以後在他的榮總病房）。聊完時菸灰缸裡總是積滿了他喜愛的小雪茄的菸灰。他很少以咖啡或點心待客。我就喝了一杯又一杯淡淡的茶。回想十餘年的相識，彼此從來沒有請客、送禮、出遊，「君子之交」正如淡淡的茶。

前年十一月去杭州演講，特別到奉化盤桓了一天。到了兩位蔣總統溪口的老家；在溪口的妙高台居高俯視，才真正體會到「人傑地靈」的意境。我照了一些蔣公故居等的照片送孝勇，其中一張是掛在故居牆上，先總統蔣公抱了三孫孝勇的相片。收下這些照片時，他喃喃自語：「我終要自己回去看一趟。」

值得追憶一次在他辦公室的聚談，那正是他在榮總體檢的時刻——一九九六年一月四日。除了王力行（本書作者）與我，還有三位朋友。我們從晚上九點左右開始，一直聊到十一點多。其間他多次打嗝，正是山雨欲來風滿樓的徵兆。聊天的主題是他對當前時局的悲觀看法。他想把他這些思緒變成一篇重要的文章發表。我們都勸他：「安心去體檢最重要！」

在深夜的燈光下，看到滿室兩位蔣總統的照片書字，想到他今天孤軍奮鬥的處境，只能感慨，生在一個政治人物的家庭真是何等辛苦！

留下歷史紀錄

經國先生去世後，我就常常勸他，應當把他的親身經歷寫出來。二年前他終於戲謔地說：「我交友不慎，就讓您們來出版我的回憶錄吧！」同時他要求《無愧——郝柏村的政治之旅》的作者——《遠見》雜誌總編輯王力行執筆。儘管編務繁重，王力行還是承諾了。九五年秋季孝勇開始做錄音訪談的準備，他也請了當年在經國先生身邊的王家驊先生從旁協助。

當他於九六年初知道身患癌症時，訪談就必須加快。訪談的地點，以他的辦公室與榮總病房為主。

為了抓住孝勇在世訪談的每一刻，以及及時趕出這本書，又特別邀請了《千山獨行——蔣緯國的人生之旅》的作者汪士淳加入寫作行列。這本書就變成了王力行與汪士淳兩位共同合作下的產品。訪談中的豐富素材與深入細緻的文筆，使本書的結構嚴謹、主題清晰、故事感人。他們根據第一手材料，把孝勇堅持的政治理念，以及與癌症搏鬥的過程有相當完整的敘述。

善意的吶喊

這本書沿著兩個主軸發展。一個主軸所記錄的是孝勇內心世界，對關鍵的人與事所做的最後評斷——其中有勇敢的獨白，有深思後的沉默；也有對最具爭論的人與事，所表達的欲言又止的「厚道」。另一個主軸是抗癌的心路歷程在偶生放棄搏鬥的意志中，仍做了最頑強的抵抗。

如他所言，訪談的內容「絕不摻雜道聽塗説之言，必為本人為當事人……」從蔣孝勇觀點，這些公諸於世的話，當然值得讀者放在適當的時空環境中細細體會，當然也難免會引起爭論。

我個人的體會是，他最大的用意，不是在為個人洩憤，甚至為蔣家辯護，而是要為歷史留下一頁親身參與的紀錄。

在他的辦公室，後來在他的病榻邊，自己曾在旁聽過他接受王力行多次訪談。言談之中，他思路清晰、字斟句酌。有時也會在講話之後，立刻補充：「寫出來的時候，要寫得客氣些」、「只做你們參考」、「現在不能發表」的約束下，幾件涉及最敏感的人與事只好暫時封凍。

如果要形容「人之將走」前孝勇訪談的心境，我想起「其言亦哀」、「其言亦忠」、「其言亦痛」、「其言亦善」。

「哀」是指他體念到，他對國家與黨的走向，已毫無著力處。「講」比「不講」好，但講了也沒什麼用處。

「忠」是指不論台灣政局如何，他矢志要做一輩子的中國人，與一輩子的中國國民黨黨員。

「痛」是指居然先他母親而走，誰再能細心侍奉這位比中國人更中國化的俄裔母親。

「善」是指他希望這些直言，可以扭轉國家與黨的走向。在病痛中，他做出了最善意的吶喊。

討論事理的一面

認識孝勇的時候，他快近不惑之年。記得在一九八九年三月，他首次接受《遠見》訪問時，有一段這樣的對答：

問：「熟友責問你，說你的祖父和父親四十歲時，都負了大責任，你怎麼四十歲還做這些糊塗事？」

答：「我不能和祖父、父親比，但也是四十歲的人，總不至於糊塗到那個程度。」

因此，在認識前，尤其相識後，聽到對他一些不利的傳聞，如果屬實，只有惋惜；如果誇大，也只有心痛。我只知道孝勇討論事理的一面。

如果以單獨與他討論問題的經驗來說，孝勇當然有他主觀的看法，但分析能力很強，記性很好，講話很謹慎，看事很清楚，做人很禮貌。與他聊天唯一的苦惱是，他在關鍵時刻，有時一些話似乎只講了一半就戛然停頓；有時話雖講了，但也不能完全懂他的真正涵義。他的意在「言外」與意在「言中」，不是那麼容易解讀。

追思的空間

他生在顯赫之家，長在左呼右擁的權勢之中。中年之後，享有的權勢，頓成泡影；遭遇的責難，從未間斷。

近年來，孝勇即使身在國外，仍無法遠離政治半徑與是非漩渦。年輕時就像權貴子弟一樣有過的「糊塗行為」，變成了一生揮之不去的陰影；經國先生健康衰退前後，逐然擺脫了任性與特權，所產生的影響，可以減少對他負面的評價。

孝勇最後一段的人生途程中，他做到了「孝」與「勇」。「孝」表現在對病中父親經國先生無微不至的侍候，對母親方良女士千絲萬縷的掛念；「勇」表現在對政治人物言行偏差的責難，與對癌症做了最頑強的對抗。

儘管孝勇沒有改變政局，也沒有擊敗病魔，但他用盡了生命中的每一盎司，對長輩盡了孝道，對黨國盡了忠言，對家庭盡了愛護。在最後的歲月，他幾乎是單槍匹馬打了一場沒有妥協的仗。他變成了一位堅持原則與熱愛生命的勇士。

此刻，孝勇終於離開了塵世的風風雨雨。為自己，求取了難得的寧靜；為別人，留下了追思的空間；人間還有「孝」與「勇」！

一九九七年五月十五日發表於《寧靜中的風雨》

《堅毅之路》，吳敦義、楊艾俐著，二〇二一年七月二十一日，天下文化出版

20 吳敦義

堅毅不移的政治領袖

做為一九四五年台灣光復後的政治人物，出生於南投農家，又是白色恐怖不幸事件被害者之子，吳敦義就更具代表性。

憑著他博聞強記的才華，透過讀書教育的力量，年輕時就脫穎而出。隨著台灣從威權體制轉型民主政體，在多次地方及中央選舉中，開拓了自己以「敦厚忠義」，攀登政治顛峰。距大位，一步之遙；距民心，寸步不離。一生精采的從政之路，應無遺憾。

台大求學時，以一篇社論文章初露鋒芒。日後受到經國先生賞識。他的政治生涯始於台北市議員（一九七三），最高公職為中華民國副總統（二〇一三），五十年來歷任黨政要職。回憶錄中，有深入的，以及一些鮮為人知的記載。此刻天下文化十分興奮，能夠把他生命中最重要的政治生涯回憶錄與讀者分享，於今年六月出版。本書寫作期間，由傳記作家、本書作者楊艾俐陪同前來「人文空間」一敘，吳敦義說有「遠見」的地方，就有「和平」；從政的初心是為人民謀福利，最大的成就則是促進兩岸和平，多年來他為兩岸交流協商奔走，所提倡的雙贏理念，如同這本傳記一樣，值得兩岸讀者及海內外華人深思細讀。

二〇二一年七月二十一日發表於《堅毅之路》

21洪秀柱

「和平路」走不到「總統路」

《沒有走完的總統路》，楊艾俐著，二〇一五年十二月一日，天下文化出版

石破天驚

近年來自己常說：讀的是經濟，關心的是教育，嚮往的是和平。從閱讀與檢驗中相信，三者的優先次序應當是：沒有和平，一切落空；沒有經濟，一切空談；沒有教育，一切空白。因此投身於教育的，致力於和平的，就是我心目中最尊敬的。

沒有意料到今年春天，首先投入國民黨總統提名的，竟是一位一生奉獻於教育的女性。她發表的參選核心政見是構建兩岸和平，她說：「要以兩岸和平協定的簽署，來確保兩岸的和平、國家的安全與國際空間的開拓。」她要挑戰那頂壓垮國民黨的「賣台」帽子，她特別指出國民黨要有追求更高和平的勇氣。她進一步指出，在兩岸政策論述上，不該再模糊、再妥協、再姑息、再放棄。

這些久久未聽到的聲音，石破天驚，在海內外捲起千層浪。她以真心說了真話，國內外的支持蜂擁而來。一夕之間不少人在問：洪秀柱是誰？

「兩岸和平」先行者

今年春夏之交，正是國民黨各方人馬遲疑與算計的時刻，只有這位立法委員敢面對挑戰。洪副院長在白色恐怖家庭中成長。進入社會後，從基層做起。擔任教職時，勇於改革。進入國會，守法盡責，更勇於承擔。此刻參選是深耕兩岸和平。

我們本不相識。第一次見面是端午節前夕的傍晚，與幾位友人一起暢談了兩小時。大家的看法是這位立法院副院長，充滿了教育工作者的熱情與理想。真如別人對她的評語：「一位認真、專注、潔身自愛的國會議員。」

九月初再見面時，她更進一步侃侃而談如何在「維持現狀」中，增進「九二共識」，以及倡議兩岸和平協商的遠景。她思路清晰，視野前瞻。這次剛好是在她閉關中。我看到她面對多方壓力中，她展現出風雨中的寧靜。

歸途中，我想如果這位參選人能完美地結合和平與教育，這就真正奠定了一個文明社會的二塊基石；但是已經預感到，風暴正對她集結而來。

她在參選過程中，發揮了敢言、直言、能言的個性與影響。她更展現了從小培養成的志氣，堅持是非的勇氣，與中華文化中孕育的正氣。

十月十七日在國民黨臨全會上，洪秀柱這位國民黨提名通過的參選人，在「換柱」聲中，燃燒了自己，點燃了國民黨另一些人的希望。「黨可以不要我，但我不會放棄黨。」

歷史會記得

洪副院長一生耕耘教育，參選又是為了鞏固兩岸和平，這真是我嚮往的兩個使命，當然就產生了天下文化要為她出書的意願。資深媒體人楊艾俐在教書與往返於台、中、美三地，犧牲假期，投入採訪，寫出了一本細緻生動的書，《遠見》記者王美珍也從旁協助。柱柱姊的親情、率真、才華、從政理念、家國之憂，躍然紙上，使讀者難以忘懷。

歷史會記載：當有一天，兩岸進入和平協商談判時，大家就會記得洪秀柱在二〇一五年的二百天中，曾經是一位轟轟烈烈、清清白白，鞏固兩岸和平的先行者。

二〇一五年十二月一日發表於《沒有走完的總統路》

22 郝龍斌、韓正共創城市交流新模式

雙城、雙博、雙贏

馬政府執政快近二年，最深遠的政績，就是兩岸出現了前所未有的良性互動。這個轉變是台灣十餘年來付出了沉重的被邊緣化的代價才獲得的。人民最能感受到是直航帶來的方便。台北飛上海比坐高鐵到南部的時間還快。兩岸的旅遊一夕之間使台灣多了西湖與黃山，大陸多了日月潭與阿里山。兩岸的經貿與文化交流的擴大，終於漸漸打開了機會最多的大陸門戶與窗戶。執政的國民黨要果斷地做二件事：在「不統、不獨、不武」之下，加快，不是放慢兩岸的開放；說服，不是屈服於，心存懷疑的少數人。

就在這麼一個弔詭而又必須突破的大背景下，台北市長郝龍斌與上海市長韓正，延續了二〇〇一年二月馬英九市長時代台北與上海的城市交流。這次兩市各以台北花博與上海世博領航，展現了二十一世紀大都市應有的企圖心與大格局。在四月的第二週，二位市長在台北參加雙城論壇，分享文化、環保、教育、科技、旅遊等經驗，樹立了亞太地區「雙城競合」的新模式。有競爭，才有進步；有合作，才有發展。

台北與上海一峽之隔，歷史上共有精英的聚集、商業的興起、國外的思潮、文化的激盪，及財富的累積。台北小而美，到處呈顯了精緻、多元、創新；上海大而新，釋放出令人嚮往的魅力、驚豔與機會。

當台北遇上上海，兩個城市的人民可以充滿想像。政府的企圖心加上民間的想像力，就會出現各種交集的可能性。

我們要盡量利用郝韓二位市長互動的空前機會，除了增強雙城的交流，更要增加兩地人民彼此的互信。二十年前第一次去北京，新聞前輩蕭乾先生語重心長地說：「比通商、通航、通郵更重要的是通心。」這真是一針見血之論，兩岸的交流不能像煙火一樣的燦爛，但曇花一現地消失；它必須植基於雙方的誠意與互信上，這是一種珍貴的人文資產，現在泛稱為軟實力。

在我的認知上，郝市長與韓市長都是有擔當、敢創新，而又有誠信的政治人物。摧毀那「中國人打中國人」的夢魘，構建「中國人幫中國人」的模式。台北與上海事實上是互補性遠大於競爭性。我希望二個城市至少要合領風騷五十年。

生長於江南的我，一九四九年離開兵荒馬亂的上海，來到台北時十三歲；十年後讀完大學去美國讀書，離開那時仍然相對落後的台北。

半世紀後的台北展現了華人世界中的軟實力，上海則變成了國際舞台上耀眼的明星。此刻的我何其幸運，在二個小時內可以往返我心目中的兩個家鄉，我是上海人、我是台北人；更是中國人。

即將於四月八日來台演講的哈佛大學波特教授，如果看到台北與上海的密切互動，他一定會興奮地說：「兩岸的競爭力將會同時提升。」

十三年前的四月，波特教授在台北的演講中指出：「社會進步的快慢隨共識程度的強弱而定。政府、企業與立法部門要不斷地溝通，增強共識。」兩岸政策的爭論一直是國民黨與民進黨難解的結。展望兩位市長的雙城交流，使我要跳躍式地引用狄更斯在十九世紀中《雙城記》的名句：「這是最好的時代，這是智慧的時代，這是光明的季節，這是希望的春天。」

人間四月天。讓我們見證郝韓兩位市長構建了兩城交流新模式。

二〇一〇年四月六日發表於《聯合報》

23 張善政

科技腦要進入國家決策高層

《做事的人》，張善政、吳錦勳著，二〇一九年四月十五日，天下文化出版

讓科技人才主導國政

台灣人民最需要感念的是在經國先生主政期間（一九六九～一九八七）那批財經功臣卻都擁有工程與科技專長——包括了尹仲容、嚴家淦、孫運璿、李國鼎、趙耀東……。他們創造了台灣經濟起飛的奇蹟。可惜自九〇年代中李登輝推動戒急用忍後，台灣經濟就沒有隨大陸經濟水漲船高。

細察那個年代的那些科技工程專才，都有五項鮮明的特質：

(1)一流的科技腦
(2)不可動搖的使命感
(3)任勞任怨的責任心
(4)鍥而不捨的執行力
(5)超越政治的中華情

就在此刻，二〇一九年春天，在兩黨熱烈提名總統候選人之際，出現了一位無黨籍的張善政。他就是一位理想中的科技領袖。天下文化剛出版了他的書：

《做事的人——張善政的斜槓探索人生》。

沒有現代科技，就沒有現代社會。當然不是每個人都要做科學家或工程師，但至少要學習「科技人」的思維方式及工作態度：嚴謹、實證、創新、擇善固執、目標導向。一九九〇年代以後的台灣，民主選舉興起，法政背景的人才不斷前仆後繼地擔任國家領導人，從陳水扁、馬英九到蔡英文三位都是念法的，已達二十年之久。期間只有斷續地借重過劉兆玄、毛治國等幾位科技人才。

科技人出身的張善政，從台大土木系畢業後，赴美取得史丹佛碩士、康乃爾土木與環境工程博士。一九八一年歸國，做了七年的台大教授，後轉任國家高速電腦中心主任，接著轉往企業界，擔任宏碁與Google高層主管。二〇一二年放棄高薪受邀轉向公部門，由政務委員、科技部長、行政院副院長、到二〇一六年二月擔任了一百零九天的行政院長。正是這四個月的閣揆，使各界更聚焦地看到了他的溝通能力、決策品質，以及超越藍綠的氣度。

二〇一六年秋天在「華人企業領袖遠見高峰會」上，我們贈送「遠見傑出領袖獎」，肯定張善政先生樹立了科技人從政的風範。

能做對的事

在「人才不肯擔任公職」、「政客才想進政府」的惡性循環下，這位擁有跨界經歷的大學教授、企業領袖、政府首長，卻是十分平易近人。從他的理性邏輯來說：角色調換了，薪資調降了，責任加重了，是那麼地理所當然。在現實社會中，真是不易找到這樣一位「做什麼，像什麼」的專才與通才。

實事求是，善於規劃，目標導向，使命必達，是工程師及科技人的專業性格。當前的張善政有實力與潛力對國家做出更多的貢獻。

二〇〇〇年後的台灣，在民主浪潮中，國家領導人都有強烈的法政背景，善於言詞、辯論、操作、算計；但怯於實幹、苦幹。動聽的選舉支票，無法兌現、落實。否則四年前怎會有柯P？四個月前怎會有韓流的出現？

難得的驚喜

本書執筆者吳錦勳花了一年的時間與張善政一起訪談。在他筆下，張善政從鍛鍊自己、充實自己，到回國獻身學術、企業及政府的具體貢獻，都有生動的紀錄。

對選民來說，是張善政所累積的專業知識、全力投入的工作態度、處理政策時的大公無私、博學又親切的個性，還有週末假日花蓮小農的場景等，都使選民感受到難得的驚喜。

二〇一九年五月號《遠見》雜誌

24 賴清德

勇於任事，重視操守

《用行動帶來希望》，郭瓊俐著，二〇一九年三月二十九日，天下文化出版

歷史是血、淚、汗共同塑造的

以傳播進步觀念為己任的天下文化，自一九八二年以來，先後出版了實際參與改變中國命運與台灣發展重要人士的相關著作。這些人士都是廣義的英雄，他們或有英雄的志業、或有英雄的功績、或有英雄的失落。在發表的文集、傳記、回憶錄中，這些黨國元老、軍事將領、政治人物、企業家、專家學者，以歷史的見證，細述他們的經歷軌跡與成敗得失。

呈現不同政治光譜

上面的幾段話，是我們出版政治人物著述時，對讀者重要的交代。三十餘年來，天下文化出版了七十多種此類型的書，展現出台灣政治理念上不同的光譜，列舉其中重要的代表作如下表。

天下文化政治人物相關著作

年代	書名／作者
一九九四	《無愧：郝柏村的政治之旅》（王力行著）
一九九八	《蘭陽之子游錫堃》（林志恆著）
二〇〇〇	《連戰的主張》（連戰著）
二〇〇〇	《張俊宏獄中家書》（張俊宏著）
二〇〇〇	《變天與挑戰》（郭正亮著）
二〇〇一	《台灣良心話》（呂秀蓮著）
二〇〇二	《無私的奉獻者》（施明德著）
二〇〇三	《衝衝衝蘇貞昌》（何榮幸著）
二〇〇四	《丁渝洲回憶錄》（丁渝洲著）
二〇〇五	《錢復回憶錄》（錢復著）
二〇〇六	《蔣家門外的孩子》（蔣孝嚴著）
二〇〇七	《逆中求勝》（謝長廷、郭瓊俐著）
二〇〇九	《蔣經國晚年身影》（張祖詒著）

二〇一〇	《做，就要做好》（朱立倫、刁明芳、瞿欣怡著）
二〇一〇	《中國命運．關鍵十年》（關中著）
二〇一〇	《情義在我心》（徐立德著）
二〇一一	《台北和平之春》（唐飛著）
二〇一四	《草根的力量》（楊秋興、邱淑宜著）
二〇一四	《兩岸波濤二十年紀實》（蘇起著）
二〇一五	《迎戰風暴：劉兆玄內閣的關鍵 478 天》（楊艾俐著）
二〇一五	《郝柏村重返抗日戰場》（郝柏村著）
二〇一五	《蔡英文繞不繞得過中華民國》（黃年著）
二〇一五	《沒有走完的總統路》（洪秀柱、楊艾俐著）
二〇一六	《走兩岸鋼索》（馬紹章著）
二〇一七	《百年大黨，十年風雲》（李建榮著）
二〇一八	《鄭文燦模式》（鄭文燦著）
二〇一八	《台東不一樣》（黃健庭著）
二〇一八	《八年執政回憶錄》（馬英九、蕭旭岑著）
二〇一九	《用行動帶來希望：賴清德的決策風格》（郭瓊俐著）

做為一個知識份子，如果不細讀推敲這些重要政治人物的言行紀錄，是無法解析台灣政局的錯綜複雜；這些書也就變成了研讀台灣政治發展的重要素材。可惜的是，局中人的敘述仍有保留，造成局外人的透視仍有模糊。但是每多出一本政治人物的著述，也就對台灣政情版圖增多一分了解。

賴清德的決策風格

自去年十一月九合一選舉後，台灣政治出現了空前的大翻轉：人民對政治人物的要求，已從過去狂熱地拚意識型態，轉變為要熱情地拚經濟。政治人物一定要知道，比政治更重要的是人民要過「好日子」。賴清德在近五百天的閣揆工作，對此深有感受。從政策制定到推行，為企業與民眾共創利基。

政治立場有藍綠之別，政治人物的施政則要超越對立，改善全體人民的生活。有這種抱負的政治人物，要被鼓勵，主張應當要被看見。

在當前民進黨與國民黨近十位政治領袖中，賴清德的聲譽及民調都名列前茅。這是他二十多年來一路從政所累積的資產。尤其在市長任內，多年連續獲得《遠見》雜誌台灣縣市長五顆星的榮譽。本書的第一部取名「承擔」，敘述閣揆的五百天；第二部取名「務實」，即細述市長第二任（二〇一四～二〇一七）內的建樹。

我們從本書中可以看出，賴清德於市長任內之勇於任事，重視操守：如取消議員分配款，如堅持選舉清白不進議會；在行政院長任內，堅持做他認為對的事，推展雙語國家與科技島嶼，為企業解決「五缺」，以執行力來提升台灣競爭力。

在兩岸關係上的主張，不僅受到重視，也引發爭議。他的論述包括了「親中愛台」[1]，主權獨立；不能簽署兩岸協議；用文化建立台灣主體意識，稱自己是一位「務實的台獨工作者」。同時他也指出「台灣內部一定要先團結、步調一

[1] 編按：於二〇一七年時任台南市長在接受市議員質詢時提出。

致，再向中國伸出友誼的手，以對話取代對抗、交流取代圍堵」，「若台灣的力量不分散，台灣一定可以愈來愈壯大，兩岸才可能趨於和平」。

我生在南京，十三歲到台灣，二十三歲去美國讀書。從一九五九年秋到達美國那一刻起，眼前真正看到了安定、自由、奮鬥、富裕的社會。從此，我最大嚮往就是「和平」，最強烈的厭惡就是「戰爭」。我要嚴肅地呼籲：「中國人不打中國人」變成世世代代的鐵律。我更要獻給台灣所有政治人物的是：

歷史上的功臣是化干戈為玉帛；

歷史上的罪人是化和平為戰爭。

二〇一九年四月號《遠見》雜誌

25 黃健庭

「台東不一樣」的台灣經驗

《勇敢不一樣》，黃健庭著，二〇一四年八月三十日，天下文化出版

台東縣長黃健庭於二〇一四年八月三十日出版新書《勇敢不一樣》，他在新書發表會中，回想四年前要推動台東「學童免費午餐排富」，實在是天人交戰的選擇。這個主意當時立即引起家長們的強烈反彈。「如果你一定要做，等到第二任。」一位好友向他說。這位在美國念過MBA又擔任過財務管理的縣長，知道錢要用在刀口上。

台東真的不一樣了

但決定推動排富之後，縣府財政從一年二點二億的支出降低到八千萬，每年省下的一億四千萬，即可用以改善學校急需改善的小工程（從廁所、教室到操場跑道）。實施三年後的調查顯示，四分之三的家長是支持當年的排富條款。另一個措施是將市區以前免費的停車位置，改成收費，當然也遭到反對，但後來也是多數贊成。

不要小看這二個「台東經驗」，再自私的選民，如有一位有溝通能力的首長能夠講清楚、說明白，選民是聽得進去的。比之每人所得較低的台東，其他縣市的人民應當更有能力接受福利排富。

這就是前台東縣縣長黃健庭先生腳踏實地、扎實做事、善於溝通的執政經驗。縣長任內，他是《遠見》雜誌縣市首長表現調查的五星首長，這是最高的評價。台東縣在他兼顧經濟與環境的施政之下，幾年下來，已呈現欣欣向榮的氣象，而他的夫人陳怜燕女士，更是台東孩子們口中的「小燕阿姨」，充滿活力，全心投入公益，台東縣能有他們兩位的奉獻，變成了一個充滿希望的地方。

「仔細回想黃健庭人生的每一步，都在為成就台東這九年的蛻變做準備。二十六歲讀完碩士開始工作，累積十年國際企業管理經驗、二十七歲結婚、三十一歲當爸爸、三十五歲離開安逸舒適的美國搬回台灣、三十七歲辭去金融界總經理的工作返鄉從政、四十二歲擔任立法委員、五十歲擔任台東縣長。這一位不像政治人物的縣長，帶領一群不像公務員的隊友，打造出很不一樣的台東。因為他的無私和遠見，讓公務員敢做事、台東人敢做夢。」夫人陳怜燕女士的近身觀察，給了我們台東經驗的見證：

有沒有一個政治人物，可以不做散財童子而贏得選舉？

有沒有一個政治人物，可以不亂開支票，心口合一，言行一致？
有沒有一個民選首長，可以用人和施政都超越藍綠？
有的，黃健庭可以。

二〇一三年十一月，遠見．天下文化事業群邀請兩位以色列諾貝爾獎的得主尤娜特（Ada Yonath）教授與戚凱羅（Aaron Ciechanover）教授來台演講。經過近一週的參訪，他們都非常喜歡台灣，而且特別提出很希望有機會去台東與花蓮走訪。他們這樣的嚮往，並不使人意外，因為台灣東部之美，早已馳名中外。

開放是「不一樣」的關鍵

我們事業群對台東有很深的感情，長久以來我們透過演講與贈書等各種活動，一直關心台東教育的發展。二〇一三年十一月，我受邀在台東校長們的會議中，做了一次演講，主題是「教育是進步的動力」。我一再強調「開放」的重要性，目前台灣太多的保護心態使政策裹足不前，讓台灣的競爭力在國際市場上不斷流失。在這一時刻，當我讀到《「黏」在臺東——12位臺東「心」移民的故事》，這本書雖然是在透過移民台東的人來描述當地的美好，但其中更反映台東歡迎外來朋友的「開放」態度與熱情，以及因「開放」而帶來的機會與進步。這裡要指出，「開放」不等於「開發」，更不是「過度開發」。

本書中十二位台東「心」移民，個個都有精采的經歷。其中有些剛好是我相識的友人，如公益平台基金會董事長嚴長壽先生、前輩藝術家江賢二老師、文學家席慕蓉老師、朱宗慶打擊樂團創辦人朱宗慶老師、唱片設計家蕭青陽先生、肯夢國際創辦人朱平先生、裝置藝術家賴純純老師等。我相信台東的人情與地貌，想必給了他們許多新的創意與生命力；而他們的移居，也帶給了台東新的想像與活力。

跟隨著他們的腳印，向他們的生活體驗學習，向台東走向開放的過程學習。當地人與外地人都把自己的心胸打開，視野擴大；一面接納外來的居民，一面融入本土的文化，彼此分享而非獨占，相互合作而非排斥，「雙贏」就會產生。

創造「雙贏」環境，除了上述發生在台東的民間力量，黃健庭在縣長任內，就如前行政院長毛治國所說的：「要成就不一樣的事業，必須找對的事來做，還要用對的方法把事情做好。黃健庭不只懂觀光，在領導上他有自己的風格，而在其他的施政上也同樣顯示出他理念的堅持，以及在策略上的洞察力。」

政壇的稀有品種，不白吃午餐

「白吃午餐」一詞是二十世紀大學者傅利曼（Milton Friedman）教授在一九七〇年代提出推廣。他曾說：「我的經濟理念可以一句話概括：There is no such thing as a free lunch.」一九七七年我利用休假回來，在台大商學研究所授課，在那段時間寫了一些傳播進步觀念的文章，〈天下沒有白吃的午餐〉在台灣引起熱烈的反應。

再度引用毛治國的讚賞：「黃縣長健庭兄是政壇的稀有品種，是一位可寫入公共行政教科書的標竿人物。」我要進一步地說，黃健庭在兩任台東縣長任內，是真真正正實現了不白吃午餐的政績，為台灣樹立了另一個新的標竿。台灣小確幸的存在，或許正因為政府提供的「白吃午餐」無所不在；但只要我們堅持開放與改變，帶給「台東不一樣」的，也能帶給台灣更大的幸福。

二〇一四年九月二十三日發表於《人間福報》

26 朱立倫
「做，就要做好」

《做，就要做好》，朱立倫、刁明芳、瞿欣怡著，二〇一〇年七月十六日，天下文化出版

《遠見》雜誌自一九九五年的第一份台灣民情報告〈二十三縣市施政總體檢〉開始，幾乎年年針對台灣各縣市首長的施政內容，做一次總評，以做為政府

與民眾的參考。歷年來表現優異的縣市首長，大家看見了他們的努力，未來的發展各有千秋，例如宜蘭縣長游錫堃（曾任行政院長）、台北縣長蘇貞昌（曾任行政院長）、台北市長馬英九（現任總統）、台中市長胡志強等。解嚴後十年的台灣，縣市首長已成為培養政治人才的平台，這是台灣民主進步的重要象徵。

現階段的台灣，面對全球競爭，需要有企圖心的年輕一代。我們從近年的評比中，看到了在桃園擔任縣長八年的朱立倫，他的努力得到連續兩年的五顆星（二〇〇八～二〇〇九）；他的管理與財經背景，在二十五縣市首長中，和他的成績一樣，相對突出。我曾在多次公開場合邀請他出書，他總是謙虛以對。及至二〇〇九年二月之後，對於八年桃園縣長的經驗分享，他有一些想法，寫下了人生的第一本書《做，就要做好》。

兩心兩力，開創台灣新局

只要是人才，始終不怕未來沒路。二〇〇九年的八八水災之後，馬總統以內閣改組因應大環境的改變，朱立倫帶著五顆星的縣長光環，被延攬入閣。七個多月的行政院副院長，從ECFA到二代健保，從打擊肥貓到公共建設的財務調度，他展現長才，用心經營。從他身上，我們看出新一代政治工作者的應有的未來：

同理心，終止兩黨惡性對立，共謀台灣發展。
企圖心，站上國際舞台競爭，勇於實現夢想。
執行力，專注公務全力推動，走出冷氣房。
協調力，開放心胸堅守立場，找出公約數。
兩心兩力，期許朱立倫能開創政治人物的未來新局。

二〇一〇年七月十六日發表於《做，就要做好》

27 鄭文燦

以務實模式超越對立、凝聚共識

《鄭文燦模式》，鄭文燦著，二〇一八年八月三十一日，天下文化出版

大小之別

面對當前國內外大變局及不穩定的兩岸關係，政治領袖必須胸懷大願景，掌握大趨勢，訂定大戰略，才能為台灣開創大格局。

可惜細看台灣政壇，常憂慮其中不少人物的「四小」，可概稱為政壇小人物：⑴小格局思考；⑵小圈子經營；⑶貪圖小便宜；⑷自甘於小成。

這種小人物來治國，國家一定陷入困境；這種人來經營企業，企業一定沒有前景。

因此，首先要排除的，就是「四小」的陷阱。小人物的言行，從「我」出發，也從「我」歸結，一切以「我」的利益做為最重要的取捨標準。

務實的從政模式

九月七日天下文化為獲得《遠見》雜誌今年五星市長鄭文燦發表新書。我們終於在二〇一八年六都市長中找到了一位新世代的政治人物。他就是獲得最高施政滿意度的桃園市長鄭文燦。這本以「鄭文燦模式」為名的桃園經驗，封面上的文字提供了答案：「超越對立，以對話取代對立，以共識取代衝突，落實多元、包容、尊重的整合型思維」，這真是台灣十餘年來民粹崛起後，我們盼望政治人物的從政特質：不好鬥、不硬拗、不偽善；更不是你死我活、目中無人、逆我者亡。政治不應當這樣地殺氣騰騰。新書發表會中出現了鄭市長的母親及夫人，更增添了親情及和諧。

一個要走向文明的社會，政治領導者的本領就是能化敵為友，廣納百川，共同推動規劃的遠景，改善人民的福祉。

新書發表會中，三位民進黨政治領袖的發言極具啟發性；可惜剛發生促轉會副主委辭職的張天欽，所表現目無法紀的言行，仍令人對政府信任充滿疑慮。

賴清德院長稱讚鄭市長的誠懇、熱忱、能力強。從政過程中他能合作，也能包容；他能團結，也能開創。

行政院前院長蘇貞昌稱讚鄭市長是腳踏實地、又聰明又耐操，與任何人都能相處。

台大學生時代共同參加學運的文化部長鄭麗君稱讚：當年就公認的才子，具有領導人的政策規劃能力，接地氣、認真、人和。

從三位發言中，看來民進黨以後的行政院長非他莫屬；令人期待的是，這位桃園市長以自己的才能和判斷，「超越對立」樹立了從政者務實的治理模式。蔡總統在序言中特別稱讚這點。

務實的「新」從政者出現

關心台灣政治與民主的沈君山教授，終於在長年臥病後去世。他一直提倡：破解台灣分裂，就是要族群融合與兩岸協商。這只有借重務實的「新」從政者所擁有的胸懷、願景與格局；「老」的一代應當名實相符的「裸退」，更要毫不含糊的「全休」。

三十多年來，在本土意識飛揚的台灣社會，發生了鐘擺效應，出現了超越省籍與對立的政治領袖。

他們大都是一九四九年以後出生，受過良好教育的一代。悲情已引不起他們的持續抗爭；願景卻誘發了他們的豪情壯志。他們的焦距對準了二十一世紀的變化，他們討論的是哈拉瑞（Yuval Noah Harari）《21世紀的21堂課》。他們的共同分母，來自於國內外所累積的識見，也正在盡情發揮這種自由的選擇。

鄭文燦是一個剛萌芽的從政實例。當市長的第一天，他就以「做好市長」為唯一目標，自勉「看破教條、壓力、誘惑、金錢和恩怨，凡事都要做對做好」。又能在推動政務中與人為善，不問藍綠、只問能力的用人哲學，展現了多元、包容與尊重。

這不是一個簡單的、容易做到的組合與承諾。鄭文燦模式的成敗，就在從市長第一天開始，就要「做對做好」。

二〇一八年九月十七日發表於《人間福報》

28 蔡其昌

「做什麼，像什麼」的政治明星

《後背包的初心》，蔡其昌著，二〇一九年七月二十五日，天下文化出版

「做什麼，像什麼」

「百層高樓地下起，英雄不怕路坎坷」，四十七歲的蔡其昌就擔任了中華民國立法院副院長。在台灣解嚴超過三十年的今天，這位最年輕的立法院副院長，不僅是對他個人才能的肯定，也是台灣民主政治的進步紀錄。

我與蔡副院長同為中興大學的校友，他是我們校友會的理事長，熱心又出色。我在一九五九年於台中農學院農經系（中興大學應用經濟系的前身）畢業。他出生於一九六九年台中清水，在台中得到了完整的教育。先後在東海讀了歷史系的學士與碩士；又在興大取得了財務金融碩士，並在財務金融所修博士。兩所大學的校訓：「求真、篤實、力行」與「誠樸精勤」，已反映在這位傑出的校友言行上。

這位政治明星的斜槓人生充滿了多樣性、挑戰性及成就感。他做過文學研究者、大學講師、政治人物助理、地方政府官員、國會辦公室主任、政黨發言人、媒體名嘴、立法委員、立法院副院長。他用日本職棒稱投球與打擊俱強的選手為

「二刀流」，要求自己的人生是攻與守俱佳，但先決條件是自己不能平庸。在書中談到這些不同角色的轉換過程，讓我們看到了這位博覽群書的年輕人在每一個階段，所展現的旺盛生命力；並且做好了準備，再上層樓。

上天總會準備一份禮物給不同的人。送給蔡其昌的是我歸納出的六個字：「做什麼，像什麼」。

台灣社會亂象之一，即是各界的「大人物」，在公開場合，說的是一套；在私下場合，做的又是一套；分辨不清雙重人格下的真相。他們善於說大話，怯於做大事，更少大格局。能夠肯定的是：「說」什麼不等於「做」什麼；「做什麼」又「不像什麼」。

蔡副院長恰恰是「做什麼，像什麼」的範例。在大學教書時，前輩教授希望他留在學校發展；他擔任民意代表時，用心經營，與基層民眾站在一起，共同解決問題。他把學生時代的「後背包」一路揹上，從教學投入到服務選民。「後背包」是他從政的起步，一路走來也變成了「做什麼像什麼」的人生錦囊。

「平凡」卻「不平庸」

讀這本書，人生的指南針就是「平凡但不要平庸」。接受「平凡」，但不「平庸」，需要自信與智慧。

社會上普遍的心態是：我的IQ比你高；我與眾不同；我有比別人高明的想法與做法。因此自己不能安於「平凡」，所以要與眾不同的待遇，歡喜享受特權，甚至急功近利、投機取巧。政壇上有太多「聰明反被聰明誤」的不幸例子。多年前我就提倡過：有「平凡」的國民，才有「不平凡」的國家。

蔡其昌就是以謙虛面對生命的無常，以勇敢追求自己的壯志。在實際的公職生涯中，他可以「平凡」，做事卻是追求「不平庸」。

他三十歲擔任民政局長，三十五歲選上立委，四十七歲成為立法院副院長。他自我分析過：「我面對生命的態度比政治之路能走多遠更為重要。外界焦點總放在我是最年輕的副院長那一面，然而，我的真實生命裡，平淡比綻放多，失敗比成功精采數倍。」

這真是愈能平淡，才愈能精采。

從政初心追求圓滿

長江後浪推前浪。台灣民選出的三位總統都是台大法律系的，法政思維貫穿了他們的政治決策。現在選民們要考慮另一種選擇：讀經濟財務的、讀科技的、讀歷史的、讀社會的……也來擔當重任。

蔡其昌有歷史人的縱深視野、經濟人冷靜的腦、社會人溫暖的心，以及他接地氣的自我要求：「人的最終追求圓滿。」這位政治領袖對錯綜複雜的兩岸關係，提出了三個務實的信仰價值：民主、台灣優先、中華民國主權。讓我再延伸三個理念使它更完整：開放交流、和平互信、雙贏繁榮。

我特別期望蔡副院長用立法院副院長的影響力，做推動開放的中生代政治領袖。推動「開放」政策，先要剷除小格局思維。恐懼「有力團體」反對，恐懼「短期衝擊」太大，恐懼「意識型態」不正確。

台灣的「悶」經濟就是這「三個不敢開放」下的溫水經年累月煮出來的。此刻必須要讓我們的心智、思維、步伐、策略、創新、膽識來個徹底的解放。「保護主義」是「開放」的死敵；「防弊」則是「開放」的死巷。政府太歡喜管制，太不放心鬆綁。所有這些必須調整。

貫穿全書的是蔡其昌很多坦率的自我解嘲及經驗之談。選引六例：

- 學會跟自己好好相處、跟不帥的外表好好相處、跟我的瞇瞇眼好好相處。
- 走上政治之路，「不小心」成功了，但非常「小心」地努力，讓「機遇」變成奮發上進的「機會」。
- 「後背包」之於我像是初心，從不隱瞞自己的平凡，那是成長的養分。
- 生命中可以有很多的第一，我最想要孩子們拿到負責和閱讀第一。
- 若能好好善用權力，這世界會因為對的起點，而改變一些不公平的事。
- 有些人是跟你的權力與頭銜做朋友，不是跟你做朋友。

五十歲生日時，蔡其昌認真思考未來的路。他認為：「大善無我，孜孜其昌。獨善其身是小善，真正的大善是無我，政治之路也是修身養性之路，比起三十五歲的我，初心沒有改變，五十後的我更懂得存善念、盡力做、求圓滿。莫忘初衷，務實前進。」

有人說：「清水無魚。」但這個位在台中西北方的「清水」，人口不到九萬，卻出了不少耀眼的人才（朱經武、曹興誠等）。蔡其昌已拔劍出鞘，攀登事業的另一個高峰。

二〇一九年七月號《遠見》雜誌

第二部

當代三十一位科技、社會、人文等傑出人物

楊振寧
星雲大師
錢煦
陳長文
王永慶
張忠謀
沈君山
孫震
梅可望

漢寶德
謝孟雄
鄭崇華
方勵之
張作錦
王力行
黃達夫
余秋雨
張心湜

蔡長海
姚仁祿
黃俊英
吳敏求
周俊吉
馬玉山
張孝威
瓊瑤
黃年

邱冠明
楊紀華
張純如
湯馬斯・佛里曼

29 楊振寧
跨世紀的大科學家

《楊振寧傳（增訂版）》，江才健著，二〇二〇年九月三十日，天下文化出版

當有人問他一生最大的貢獻的時候，
他的答案卻是：

「幫助改變了中國人自己覺得不如人的心理作用。」

江才健先生窮四年之功，撰述的《楊振寧傳——規範與對稱之美》，是繼《吳健雄傳》後又一力作，建立了他在華文世界「大科學家傳記」作者的重要地位。這不是楊教授的自傳，讀者無法確知楊教授對這本傳記的評價，但從每一章幾十條附注中，透露了作者思維的細密與嚴謹。

做為一個知識份子，讀完原稿，思潮澎湃，情緒激動。自己不是讀物理的，特別體會的震撼，不是楊教授物理學上偉大的成就，而是做一個中國人感到的震撼。

幾世紀以來，中國一直缺乏科學家，尤其大科學家。二十世紀終於在古老的中國誕生了一位空前偉大的、跨世紀的物理學家——楊振寧教授。

不僅他在一九五七年得到了諾貝爾物理獎，更在於他得獎之後，仍有源源不斷的重大貢獻。

引述幾則中外學術界的讚譽：

• 繼愛因斯坦、狄拉克，為二十世紀物理科學家樹立風格的一代大師。
• 本世紀最偉大的物理學家之一，也是一個獨一無二的精采人物。
• 中國人在國際科學上有建立不朽之功績者，乃自楊振寧始。
• 一個才華四溢，又是一個非常慷慨引導別人的學者。
• 一個最正常的天才。

但是，當有人問他一生最大的貢獻的時候，他的答案卻是：「幫助改變了中國人自己覺得不如人的心理作用。」

再回清華

他最掛念的故土——中國，也終於在二十世紀末葉，幾乎奇蹟般地掙脫了教條的束縛與貧窮的桎梏，跳躍式地邁向現代化；十三億中國人民也終於有了明天。

當八十歲的楊教授今天漫步於清華校園與學生交談時，是否會急切地告訴這一代，中國失去的歲月，只有靠加倍地努力才能補償？當他再把視野放到世界科學平台，心中是否更焦慮：中國要變成一流國家，必須要加快培養出一流的科研人才，做出一流的科研成就？

清華園是他幼年成長的地方，美國則有他半世紀豐盛的科學生涯，在「何須惆悵近黃昏」的餘年，終於又回到了清華。

沒有當年的清華，就沒有今天的楊振寧；有了今天楊振寧奉獻的清華，才會有以後更多更多的楊振寧。

二〇〇二年九月三十日發表於《楊振寧傳》

30 星雲大師

不要佛教養我，我要佛教成長

《我不是「呷教」的和尚》，星雲大師著，二〇一九年三月七日，天下文化出版

《星雲大師的身教與言教》，依空法師主編，二〇二三年五月十日，天下文化出版

「大師說話了，記得了，寫字了」

這是星雲大師病後的第一本書，真是珍貴得難以置信。一如去年八月大師在南京第一次展出「病後一筆字」，令人驚喜。

我何其幸運都在現場。那次展出的南京，是我的出生地；這本新書與天下文化合作出版，更是先睹為快。

回顧二〇一六年十月三十日，星雲大師應允在我們遠見十四屆華人企業領袖高峰會擔任重要的講話及頒獎。講話前夕接到弟子電話，大師因腦溢血需立即開刀。這真是太大的意外。覺培法師臨時趕到大會現場，講述大師理念，清晰動人，引起熱烈回響。

當時的《聯合報》曾以頭版頭條報導十月三十一日大師「中風住院動刀，血塊如拳頭大」。做為一個《聯合報》長期讀者，從未讀到過對一位民間領袖，有如此地重視。星雲大師早已是一位受人推崇的國寶級導師。

多年來「與病為友」的大師，已把「病」看成「朋友」，和平共存；把

「死」看成「因果」，早已置死生於度外。但是這次腦部大手術非同小可，手術成功後，大家放下了心；但復健之路，誰都不敢多想：如果大師是活著，但失去了記憶及說話的能力，這對一生永遠樂在工作的大師，該是何等的折磨？

大師的復元速度遠遠超過陳肇隆醫師率領的長庚醫療團隊的最樂觀的估計，這是醫療史的奇蹟。術後幾個月，大師康復的進度，逐日加速。

「大師說話了」「大師記得了」「大師寫字了」，每次弟子傳來這些好消息時，都使我激動不已，急著想去探望他。

前年夏天，弟子打電話給我，轉達大師的話「你們告訴高教授：很想念他」。這讓我克服「不敢打擾大師」的猶豫，急著上山去探望大師。

在大師復健中，有近十次的探望，還專程與王發行人及幾位同事去大陸的宜興大覺寺。大師在那幽靜遼闊、後有竹山、前有雲湖的祖庭休養，真如人間仙境。每次探望都留下了有價值的照片與札記。

一本「小書」，又是一本「大著」

這本新書的厚度，與大師一生三千多萬字的著述相比，是「小書」；但所提倡的理念則是「大著」。樹有根，水有源，大師正本清源地在自問：做和尚的初心是什麼？根本的動機在哪裡？

年逾九十的大師在高雄的佛光山上，在宜興的大覺寺裡，在晨曦中，在黃昏下，對這位已建造了眾多寺院、大中小學、美術館，以及創設了《人間福報》、「人間衛視」等媒體以及籃球隊的佛教領袖，用世俗的語言，大師怎麼能無中生有，不斷地在海內外擴增？

大師會淡然地回答：「這一切我都參與，但都不是我的。個人要給我的，我都不要。自己捨得，也沒有擁有過一塊錢。錢都是大眾的，只是還來還去。」

一九四九年，二十三歲從揚州來到宜蘭的和尚，所發的初心就是不靠佛教養我；而且還要佛教靠我成長。

這種強烈的初心，我完全可以體會。因為自己也在一九四九年十三歲從上海隨雙親到台灣。少年在眷村孕育出了「自己爭氣」的個性，二十三歲去美國讀書，青年時代更養成了「一切靠自己」。近十年來面對小確幸在台灣的瀰漫，我大聲疾呼：自己的工作自己找，自己的家庭自己建，自己的舞台自己尋，自己的晚年自己顧。

大師大概沒有讀過十八世紀亞當．斯密（Adam Smith）的《國富論》，也沒有讀過當代波特寫的《國家競爭優勢》，這些毫不影響他對財富、人性、市場、世局、國際化等等的判斷。他過目不忘，他無師自通，他舉一反三。他心中自有識見，腦中自有遠見。

有佛法就有辦法，有大師就能成大事

大師一生的言行，就是最具體的示範：「給」是初心，它不拘形式，它沒有終點。

大師給人歡喜，給人方便，給人信心，給人希望；大師推動做好事，說好話，存好心；大師傳承慈悲、智慧、放下……。

這些無形的善念所產生的感動，都變成了當他要興建寺院、學校、美術館時一幢又一幢的硬體，也使大家都變成了人間紅利的受益者。

追隨大師半世紀的慈容法師有深刻的描述：大師不用佛教的供養，靠自己的著作、稿費、版稅，以及「一筆字」的金額就夠，但他將所有的金錢，全部捐給社會及佛光山。他不但不要，而且歡喜捨得、樂於給人。他資助過的何止百千人，每天養育的何止百千人，給予社會的何止百千萬。既沒有銀行的戶頭，也沒有存放零錢，連一張書桌都沒有。

細數大師的事業，如：教育、文化、慈善……，這麼多的一切，他都不是「要」才有的，他都是「給」而來的。因為「給」就能「捨」，「捨」就能「得」。貧僧反而不貧而富有，但大師「以無為有」、「以空為樂」。

慈容法師又說：六十餘年來，看到師父也經常遇到沒有辦法的時候，但好似真有佛祖保佑他，明明「山窮水盡疑無路」了，他又能「柳暗花明又一村」。所以，他常說「有佛法就有辦法」，弟子們也認為「有大師就能成大事」。

終其一生，大師始終掌握住了「初心」的本意。「給」比「受」好。不希望「人人為我」，要變成「我為人人」。不僅不要自己靠佛教，而要以一己之力，弘揚佛教。

四十年前自己借用諾貝爾經濟學獎得主傅利曼的「天下沒有白吃的午餐」，呼籲國人要自己爭氣；沒有想到華人世界這一位宗教大師以這句話，發揮了「成就人間的願力」。

只能說：「厲害了，我們的大師。」

二〇一九年三月六日發表於《人間福報》

31 錢煦
誠心和專心結合的輝煌人生

《錢煦回憶錄（全新增訂版）》，錢煦著，二〇一九年九月二十七日，天下文化出版

「最高的典範」

(1)「他舉世聞名的學術成就與奉獻社會的熱忱，是最高的典範。他精采的一生，更是年輕人學習的好榜樣。」

(2)「謙沖和藹的醫界泰斗與學術領袖，是他的最佳寫照。他是我學習的楷模典範。」

(3)「領導頂尖醫學科學團隊鑽研醫學生理，成就非凡。除獲得我國壹等衛生獎章及總統科學獎外，更囊括美國五大科學與藝術大獎；醫界完人，非他莫屬。」

(4)「他令人敬佩的人生哲學與學術成就，是立志於專業研究的年輕學者的典範。」

上述四個評語分別來自李遠哲院士、準副總統陳建仁、監察院長張博雅及台大楊泮池校長。他們所稱讚的科學家，就是這本《錢煦回憶錄：學習、奉獻、創造》的作者：錢煦院士。

錢家三傑

天下文化能有這個難得機會，出版錢院士親撰的回憶錄，是來自三十年前《遠見》創刊時的一段緣分。擔任創刊總編輯的王力行，專程飛到哥倫比亞大學訪問錢煦教授，再飛到華府訪問駐美代表錢復，之後於台北訪問財政部長錢純。這篇華府、紐約、台北錢氏三兄弟的專訪，立刻引起國內外媒體的重視。王力行指出：「家學淵源也許是他們比大多數人占優勢的地方；但是後天的勤學、自律、責任感更是他們變成頂尖人物的重要因素。」

錢家三兄弟都自台大畢業，都留美而學有專長。他們在工作經歷中，都曾創下紀錄：錢純曾是最年輕的中央銀行副總裁，錢復曾是最年輕的新聞局長，錢煦是唯一與父親同榜的中央研究院院士。

傳播媒體在介紹他們時，常用「家世顯赫」來形容，因為他們的父親錢思亮擔任過十九年台大校長和十三年中央研究院院長；母親張婉度是前經濟部長張茲闓的妹妹。熟識三兄弟的人都清楚，故錢院長謙恭內斂、待人誠懇、公私分明、正直愛國的身教，影響他們一生。

三兄弟中，錢煦從小最得母親喜愛；功課最好，經常跳級，十六歲就進了北京大學醫學院。一九四九年來台，二十二歲在台大醫學院畢業。二十六歲獲哥倫比亞大學博士。四十五歲當選中研院院士時，「父子同登國家最高學術榮榜」創紀錄，也傳為美談。

錢院士在哥大讀完博士，結婚後曾有一年住在胡適之先生紐約市西八十一街家中。他在回憶錄中說：「胡公公是中國近代最傑出的哲學家和教育家，學問淵廣，博古通今……從他那裡學到許多為人處事的原則。……我真是非常幸運，能夠從三位我最敬佩的長輩（父親、傅〔斯年〕校長和胡公公），受到直接教誨，這對我一生的思想行為有極大的影響。」

適之先生一生提倡寫傳記，如果今天能讀到這位在揚子江邊度過童年，當年他疼愛的後輩，自己寫出這麼豐盛的自傳，他會高興地說：「真是長江後浪推前浪。」

從英文紀念本到中文傳記

錢院士分別在七十歲及八十歲生日時出版了師友撰述的英文紀念本。這本十二萬字、由錢院士親撰的中文自傳，終於在他八十五歲的四月在台北問世。這真是華人世界的空前盛事。作者在書中指出：「要能把所學的知識和能力運用到不同的情況，超越時間和空間的限制，與人類分享共用。」

海內外的華文讀者，透過這本自傳可以研讀：為什麼錢院士能成為一位世界級的科學家？

全書分三部十二章，按時間順序：第一部「家世恩情」、第二部「學習、研究、教育和創業」、第三部「學術研究團體的活動與服務」，再以「回顧與前瞻」做結語。全書條理清晰，故事動人，學術成就令人仰望，並附有院士大事記及李小媛博士的「後記」。

特別要學習及重視錢院士學術成就的讀者，應當細讀第二部及第三部，就能理解為什麼他是一位跨醫學領域與跨中國文化的大科學家。

從書中，讀者不得不驚訝錢院士擁有的驚人執行力、說服力及整合力。他可以面對同樣重要的研究工作，有效率而又細密周全地主持國內外的重大研究計畫，參加重要的學術會議，出席不斷湧來的榮譽盛典，以及指導研究生發表論文，擔任主題演講，並且兼顧到美滿的家庭生活。

二〇一五年十一月，為了支持前交大校長吳妍華教授主導在台灣的一項國際研究計畫（由交大、陽明、北榮和聖地牙哥的合作）：運用生醫工程解決台灣重要健康問題。他清晨飛抵台北，當天再飛回美國西岸。在台北十二小時停留，協助參加三小時面試，審查順利通過。回想起來，「當天往返很值得。」

以「七心」為待人處事核心

錢院士是一位鍥而不捨地在鼓舞年輕一代的科學家。在中外各地演講，分享他的人生體驗時，常以七個「C」字為要點：

(1) Compassion 熱愛：「全心」熱愛。

(2) Commitment 投入：「決心」投入。
(3) Comprehension 學習：「用心」理解。
(4) Creativity 創新：「精心」創新。
(5) Cooperation 合作：「同心」合作。
(6) Communication 溝通：「推心」溝通。
(7) Consummation（Completion）完成：「盡心」完成。

錢院士無私地、語重心長地告訴大家：「一切事都是由『心』出發，我們用『心』來待人處事，一定會成功。」因此「七C」之中全有「心」字。

在最後一章，錢院士感性地總結：「我特別要感謝匡政（夫人）給我六十多年來的恩愛照顧……也要感謝師長們的盡心教導，同事們的推心合作，同學們的用心努力，親朋們的衷心愛護。」

當做人做事與誠心和專心結合時，就有機會產生像錢院士一樣輝煌的人生。

二〇一六年五月號《遠見》雜誌

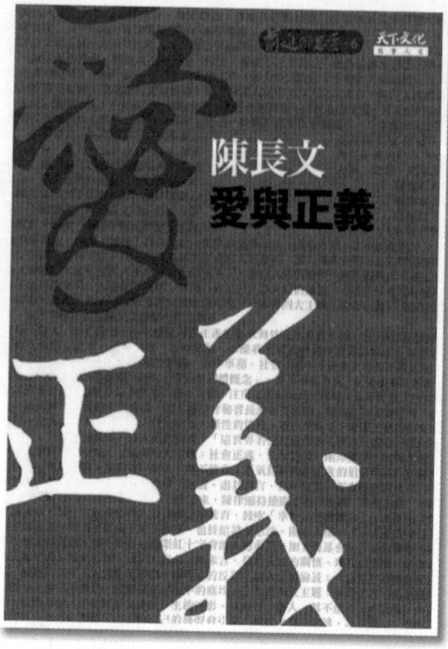

《愛與正義》，陳長文著，二〇一二年七月三十一日，天下文化出版

32 陳長文
追求完美的平衡

有人認為他是世界級的大律師，有人認爲他是兩岸談判的第一高手，有人認爲他是教學出色的大學教授。有人還記得他曾經名列全國高所得排行榜中，也有人注意到他花在公益與大愛事務上的時間相當多，也有人知道不管他多忙，他總

保留週末時間給家庭。這些當然都是今天陳長文律師的縮影。

十二年前，在他擔任海基會第一任祕書長時，筆者也是海基會董事，得以近距離觀察他的才華，體會到他忍受的委屈，更展現了他談判的長才。兩年多後，當他辭退海基會祕書長時，我們就感覺到兩岸關係再也難以推展。

更具體地說，陳律師是一位有所為、有所不為的人，例如他擔任海基會祕書長時；他是一位做什麼像什麼的人，如他現在擔任的中華民國紅十字會總會長。同樣重要的是，他具有強烈的責任感與使命感、強烈的愛國心與民族情。他做人與做事的唯一標準，就是全方位的完美。他是一位完美主義者，或者更正確地說，唯美主義者。在現實世界中，他能把律師專業、社會奉獻與家庭親情取得完美的平衡，最近他還與他的理律同事去大陸的北大、清華及上海交大授課。

在當前台灣，政治人物尤其不能濫開難以兌現的支票；企業領袖也不能為了追求利潤與市場，犧牲誠信。當誠信受到糟踢時，只有靠法治作為最後一道防線。安隆事件的慘痛教訓是，它居然也會發生在重法治與重誠信的美國社會！因此，陳律師今天的演講，對我們的企業領袖將會是一個充滿遠見的演講。

二〇〇二年五月號《遠見》雜誌

33 從王永慶「大」企業家到「偉大」企業家

《台塑打造石化王國》，黃德海著，二〇〇七年一月十八日，天下文化出版

是王永慶的事業雄心，他以半世紀的努力，
締造台塑企業王國，使他實至名歸地變成了一位「大」企業家；

是他的企業良心，累積新的財富，回饋社會，使他又變成「偉大」企業家。

在開發中國家走向經濟起飛的關鍵階段，決定成敗的兩個因素是政府的決心與企業的雄心。台灣的經濟發展是何等的幸運，從一九五〇至一九八〇年代中，既出現了「大有為」與「有所不為」的政府首長，又出現了充滿事業雄心的企業家。二者的相輔相成與相互激盪，寫下了台灣經濟發展輝煌的歷史。

公僕重廉能，民間敢投資

兩位蔣總統在台灣執政的年代（一九四九～一九八八年一月）中，那一批無我、無家、無私，而又思慮周密、勇於任事的財經首長，從尹仲容、嚴家淦、俞國華，到孫運璿、李國鼎、趙耀東……將永遠活在人民的心目中。是他們的廉能與奉獻，為台灣企業開創了投資的大氣候，為台灣社會奠定了經濟的繁榮。

兩蔣年代所創造的「經濟奇蹟」，從另外一個角度來觀察，就是「公家」台灣一方面推動了務實有效的發展策略，另一方面構建了一個「民間」台灣可以大顯身手的投資環境。這造成了台灣經濟的快速成長與財富累積；企業家們進而不斷創造商機、累積了經驗、自信、財富，形成了一個經濟突飛猛進的良性循環。台塑、統一、遠東、大同、台泥、裕隆、國泰、巨大……就這樣遍地開花般地崛起。

台灣的整體實力，也就在公僕重廉能、有分寸，民間肯冒險、敢投資，兩者的效能在相加相乘下累積而成。經國先生對部屬的嚴格要求與自律，扮演了決定性的角色。他的公私分明、他的不為一己之私、他的計利當計天下利，留給台灣人民最懷念經國先生的根本原因。

就在那經濟起飛前夕的一九五〇年代，王永慶先生首先脫穎而出。一九五四年他以美國政府提供的七十八萬美金的援助金額，決定生產聚氯乙烯粉（PVC）。這根火柴點燃了台灣民營企業所蘊藏的生命力，也奠定了日後台塑石化王國的基礎。

台塑在早年發展過程中被認為是重要的「傳統產業」、「勞力密集產業」、「附加值低的產業」，但自一九七八年進軍美國投資，一九九五年後國外投資又包括了大陸、越南。今天的台塑早已變成跨國企業，二〇〇五年集團營收約一·四兆新台幣，稅前盈餘近二千五百億，海內外資產總值約二兆。集團產品包括石化上中下游、油品、電力、醫療、教育、半導體、電子材料、光電產業。受雇員工人數約為八萬五千名，每年國內繳稅一百八十五億新台幣。

謙虛節約的企業文化

在這五十年的飛躍成長中，王永慶一直是公認的「台塑王國」締造者。不論他被譽為「經營之神」或「管理之神」，海內外一般人對他的印象是尊敬多於了解、羨慕多於認識。在二〇〇四年台塑成立五十週年時，創業的王董事長仍然堅持不要鋪張的慶典。這樣的謙虛與節約一直是台塑的企業文化。但台塑關係企業的發展史（正確的說，「成功的創業史」）是值得向世人公開，與海內外人士共同分享的。

令人高興的是，北京的清華大學，在台灣研究所所長劉震濤教授難得的安排下，經過細心的策劃與實地採訪，與三位學者的全程參與，一部較完整的台塑關係企業發展史於二〇〇七年初問世。這部專著分四冊出版，主要內容分別為：

第一冊：從創業到六輕

第二冊：總管理處的管理績效

第三冊：回饋社會

第四冊：永續發展

這四本書應當可以解答無數人的疑問：「為什麼台塑能，別人不能？」天下文化以繁體字在台灣出版，並推介到海外各地。為了配合繁體版的讀者，以及他們對台塑集團的不陌生，內容部分稍有調整，還特約邀請了著名評論家王作榮先生撰文評述，這是特別珍貴的。

事實上，在一九八四年我們就出版過王董事長的《談經營管理》。多年來，此書一直受到讀者的肯定，歷久不衰。自出版以來，王先生一直婉謝版稅。他說：「出版是很辛苦的文化事業。」

有大格局的遠見人物

二〇〇四年，在王董事長寓所，我們三位《遠見》雜誌創辦人特別邀約了前監察院長王作榮、前經濟部長趙耀東、前行政院祕書長王昭明，有一個五小時的會談與聚餐。在二〇〇五年《遠見》雜誌一月號，我對當時的背景有這樣的描述：

當被譽為「經營之神」的王永慶，當自謙為「平凡的勇者」的趙耀東，當自喻為「壯志未酬」的王作榮，當被公認為「福州才子」的王昭明，一起來討論當前財經與兩岸關係時，會激發出什麼樣的智慧火花？

二〇〇四年十二月上旬《遠見》雜誌在王永慶先生寓所，就安排了這樣一場聚談。

他們的年齡在八十五歲與八十九歲之間，他們都擁有輝煌的經歷，都掌握過實權，都對社會做出過重大的貢獻，都受到大多數人民的尊敬。

在這以前，我曾參加過幾次他們四位之間類似的聚談。這次的感受特別深刻，是他們的年紀更大了？是他們的憂慮更深了？是國家的前景更不確定了？

聽完他們近三小時的聚談，我聯想到這一個時代最缺乏的就是：有大格局的遠見人物。在我的構思中，大格局者才能看得寬與廣，看得深與遠；才能不受小人與左右的阻擋；才敢突破「傳統智慧」與「政治正確」；才有「一笑泯恩仇」的氣度；才能創造歷史的新契機。

回顧半世紀以來這四位人物的言與行，他們都擁有「大老」應當要具備的特質：

（一）一種放眼天下宏觀世局的思維；

（二）一種強烈使命感的實踐與擴散；

（三）一種從不認輸泱泱大國的中華氣度；

（四）一種為下代子孫永續發展的深思熟慮。

剛傳出喜訊的楊振寧院士常常引用朱自清的詩句：「但得夕陽無限好，何須惆悵近黃昏。」

以這兩句來形容四位大老的心境，十分貼切；「四老聚談」，也就更具特殊意義。

不藏於己，而用於社會

近年來，在華人世界我不斷提倡：「賺」大錢的是「大」企業家；「捐」大錢的才是「偉大」企業家。

王永慶在追求「合理化」、「點點滴滴的管理」、「價廉物美」的過程中，不是沒有遭遇到外來的阻力與挑戰。最後使人信服的是，王永慶把他累積的龐大財富，不是藏於己，而是用於社會。

她的長女王瑞華，現任台塑關係企業行政中心副總裁，一再重複董事長對他子女們的提示：「財富是社會暫時請我們保管的錢，一定要好好地使用。」

東方社會有不少「大」企業家，但絕少見到「偉大」企業家。香港的邵逸夫、李嘉誠等是值得尊敬的幾位；台灣的王永慶，以非營利事業的醫療、教育、養生等等造福社會；又以永續經營的理念，透過節約能源及提高效能的新事業，進而創造財富，增加就業。

是王永慶的事業雄心，他以半世紀的努力，締造了一個台塑企業王國，使他實至名歸地變成了一位「大」企業家；是他的企業良心，近三十年來不斷地在台灣、在大陸、在海外創造新的商機、累積新的財富，回饋社會。把王永慶放在世界大企業排行榜中，與那些世界級領袖並起並坐時，他成了一位不折不扣的，甚至有過之而無不及的「偉大」企業家。

台灣因王永慶的存在與台塑企業的實力，不會立刻被全面邊緣化。但時間已所剩無多，正如王董事長在《遠見》雜誌座談中所說：「兩岸同文同種，台灣若能與大陸像兄弟一樣合作，對台灣前途最好，沒有其他選擇。尤其是，我們與大陸談，態度很誠懇。大陸現在還是願意與台灣像兄弟一樣合作，慢了，台灣就沒有機會。」

百年少見的企業家

二十世紀初，一個十六歲在新店冒出的「小米商」，在以後四分之三的世紀中，先變成了受人羨慕的「大」企業家，後又變成了受人尊敬的「偉大」企業家。

在王永慶先生的歲月中，有十四億人口的大陸及台灣，沒有一位企業家可以與他苦學奮鬥、節儉自律、事業成就、企業版圖、社會回饋五大特色相提並論。這真是一個中華民族的傳奇。

王永慶的成就是百年來兩岸中國企業家中前所少見，後難超越的歷史性人物。在百年來中國政治領袖中，西方常列舉孫中山、蔣介石、毛澤東、周恩來、鄧小平；如果要列舉重要的企業領袖，王永慶必然是其中不可或缺的一位。

二〇〇七年一月十八日發表於《台塑打造石化王國》

34 張忠謀
九個條件，打造最強世界級企業

《張忠謀自傳（上冊）》，張忠謀著，二〇一八年四月十二日，天下文化出版

二〇〇七年，兩岸還沒直航，歷經三十年改革開放的中國大陸，正受到世界的關注。

在上海舉辦的《遠見》第五屆「全球華人企業領袖峰會」，以「邁向世界級企業——傳承與創新」為題，時任台積電董事長張忠謀獲頒「華人企業家終身成就獎」，並發表重量級演說，震撼全場。兩天一夜的行程，張忠謀隻身由台北經香港轉機到上海。他並沒有前往台積電上海松江廠，而是專程出席遠見高峰會暨贈獎典禮。

抵滬當晚，張忠謀領了獎，悄聲請主辦單位安排到上海外灘，他的眼光沒有聚焦在璀璨的東方明珠塔，而是望著滾滾江水，思念著一生期待在上海安身立命，卻未能如願的雙親。

次日，張忠謀以「打造世界級企業」為題發表演說，提出迄今影響深遠、世界級企業必須具備的九個條件：

一、企業的價值觀要符合以下七項主流世界價值觀：

⑴說真話，不說謊話。⑵不輕易承諾，一旦承諾要赴湯蹈火履行。

⑶遵守法律。⑷不貪汙、不賄賂。⑸擔負起社會責任。

⑹不靠政商關係。⑺良好公司治理。

二、持續創新的公司。台積電最大的創新並不是產品、生產技術，而是商業模式的創新。

三、必須是成長的公司。即使有過世界級的地位，不成長就會失去地位。

四、行業中一定要做到前三名的領導級公司。

五、必須提供股東具市場競爭力的報酬。股東每年回收至少一〇%到一五%。

六、必須尊重智慧財產權。自己創造智慧財產權，也尊重別人的智慧財產權。

七、是一個學習性的公司，主要員工必須在一個學習的環境裡。

八、是一個全球發展的公司。市場是全球的。資金、人才也是來自全球。

九、是一個有世界性影響力的公司，不只是地區的影響力。

十五年前他會說，台積電是努力邁向世界級的公司，當前情勢已證明「打造晶片比打造核彈更有威力」。（楊永妙整理）

二〇二二年十一月號《遠見》雜誌

35 沈君山

一位跨領域、跨地域的學者與公共知識份子

《浮生後記》，沈君山著，二〇一八年九月二十八日，天下文化出版

沈君山教授（一九三二～二〇一八）是一位跨世紀、跨領域、跨地域的學者與公共知識份子。在一九九四～九七年間擔任清華大學校長。這篇短文敘述我在清華大學畢業典禮中的講話，傳播他博學多才的一面。

專業內要內行，專業外不外行

二〇一二年六月應清大陳力俊校長之邀去畢業典禮講話。內心最大的願望是：想借這個機會，使清大同學更能分享仍在病中的沈前校長的才情與智慧。講題是「內外兼顧的知識人」：專業內要「內」行；專業外不「外」行。這也是呼應陳校長對清大人的勉勵，要「具備科學與人文素養」。

一九六四年去威斯康辛大學經濟系任教，自己最痛苦的發現是每到星期天打開二百多頁《紐約時報》的星期天版，就會發現其中一半的題材是看不懂的，如科學、宗教、藝術、音樂、建築等等。

在「咖啡時間」（Coffee break）聽美國同事們談到他們觀賞過的歌劇、畫展、球賽，以及在國會辯論立法等等時，就像啞巴一般無從加入。我就強烈地體會到：僅有一些專業領域的知識是不夠的，必須要把知識領域擴大。

在相識的美國同事中，很快發現，除了他們的專業領域，他們都喜愛音樂、體育、藝術、歷史、文學、宗教，這即是我日後嚮往的所謂「文藝復興人」（Renaissance Man）。他們的淵博提醒自己專業外的不足。這即是為什麼我要求兩個孩子在大學要接受完整的Liberal Arts課程；這也是為什麼回到台灣一直在鼓吹：專業內要內行，專業外不外行。

沈校長的一生，從不羨慕那些大官、巨商、新貴；在專業領域，他沉醉其中；在專業外，他享有多姿多采的人文情境。沈校長的一生言行，展現了從不間斷的學習、反省、包容、閱讀及愛國情操。

圓滿的人生就是在尋找各種因素的平衡：家庭與工作，所得與休閒，儲蓄與消費，小我與大我。要做一個內外兼顧的人，七或八成時間用於「專業」，二到三成時間用在吸取「專業外」的知識；避免「太多專業，太少人味」。

面對「資訊超載」

今天年輕人面對的一個大問題是資訊太多，時間太少，即所謂「資訊超載」（Information over-load）。兩位美國管理專家戴文波特（T.H.Davenport）和貝克（J.C.Beck）提出了一個很實用的觀念：就是要善用「注意力」，克服資訊超載的焦慮，「注意力經濟」（Attention Economy）一詞也就應運而生。「注意力」的定義就是把精神集中，投注在特定資訊的項目上。這些項目進入我們「意識」，經過篩選，然後決定是否採取行動。讓我歸納善用「注意力」的四個要點：

(1)不需要把自己當成「消息最靈通的人」，做資訊的奴隸；當自己閱讀時間有限時，把注意力集中在一流的讀物上。

(2)善用「注意力」，就是掌握「優先次序」，「捨」才會「得」。注意力難以聚焦的最大敵人，就是不肯說「不」。做人面面俱到，做事拖拖拉拉，決策左顧右盼。

(3)獲取資訊的原則：在當前假新聞滿天飛舞下，不在量，而在質；不在快速，而在精確；不在免費提供，而在是否實用。

(4)喪失注意力的人，等於喪失了自我；集中注意力的人，才能與時俱進。

各位優秀的清華畢業生，當你們戴上了「注意力」的鏡片，忽然周邊一切都變得比以前清晰，它使你清楚地分辨哪些該投入，哪些該放棄。這樣你才會有時間，優雅地做一位「內外兼顧」、有氣質的人。你們的沈校長，就是這樣傑出的一位。

沈校長的 Legacy

我與沈校長相識四十多年，深深地體會到他君子的氣度、奔放的才情、瀟脫的文思、理性的觀察，以及對家國的憂思與愛情的頓悟。

可惜近年來他一直在清華校園的住宅中沉睡未醒，令所有海內外朋友不捨。剛才（二〇一二年六月九日下午）我和黃秉乾院士一起去探望了他，輕輕地告訴他：「等一下我會對你最掛念的清華同學講話。」

我要告訴清大同學，沈校長最大的掛念，就是希望你們每一位都能擁有專業與通識的本領，以及深厚的人文情懷。這應當是你們對老校長最值得珍惜的遺澤（Legacy）。

沈校長在兩岸關係上投入了熱情與心血，且擁有左右逢源的機遇，但至今這個「中國結」依然無解，此一壯志未酬的惆悵變成了他離開人世最大的遺憾。

二〇一九年十月

追思清華大學沈君山校長

二〇一八年十二月二十二日清華大學校園中舉辦了「沈君山校長追思會」。會中我朗讀了〈玉山巔長江水〉八行短句。一九九〇年代初，曾一起參加「國家統一委員會」，起草「國統綱領」，以及多次共赴大陸參加兩岸研討會及共遊錦繡河山。

在南[illegible]生的他，一生瀟灑：出入於科學與人文之間、學府與廟堂之間、台灣與大陸之間、[illegible]土與國際之間、愛情與友情之間。

張作錦、王力行[illegible]與君山在不少政治和社會主題上看法接近。我們共同認為：這位才子與君子，把心[illegible]中國，把愛留給了台灣，把情留給了清華，把一生的典範留在人間。

玉山巔．長江水——獻給君山去世[illegible]

共登玉山巔
共飲長江水
兩岸一樣近
兩岸一家親
兩邊心比心

兩邊一起興
共擁中華情
共圓中華夢

二〇一八年十二月二十二日於清華園

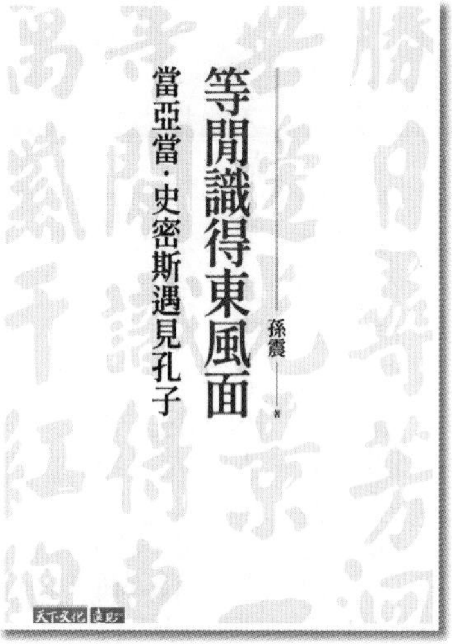

《等閒識得東風面》，孫震著，二〇二三年九月二十七日，天下文化出版

36 孫震

「書人合一」的君子與學者

他生長於憂患的年代，憑藉自己的才識與操守，在大時代、大風浪、大染缸中，堅守大是大非，公正不阿，做了自己良知領航的大學者。

這位帶著淡淡憂思的謙謙君子，在追求學術真理與社會正義的過程中，沒有懈怠過，也沒有改變過。做事有大格局、做人有大包容、做學問有大思路。

「天人合一」是追求永續發展的高超境界；「書人合一」是我想出來的名詞，指知識份子另一種貢獻社會的無私境界：寫好書是學者，做人正是君子，學者與君子合一，就是書人合一；反映在社會上，即是言行一致，表裡如一。

「書人合一」的君子與學者

在我們經濟學界，很難找到像孫教授這樣學貫中外古今的人；也找不到有這樣豐富公職生涯的人；更不易找到像他這樣誠信、謙和、嚴以律己、寬以待人、不居功、不爭名的人。

如果中華大地上還有君子，孫教授就是這樣一位難得的君子。

十多年前公職卸任後，孫教授不斷把半世紀以來累積的知識、經驗、觀察、思維，寫成經濟專著與較廣泛的文化、企業倫理、社會責任、高等教育的論述。

博學與深思，勤於傳遞知識與智慧

我佩服孫教授的博學與深思；因此提出的多種論點及長期看法就不會偏頗，就產生了長期存在的價值及影響力。近年來他又寫了六本書，涵蓋回憶錄、經濟論述、儒學思想、教育使命等，為華文世界提供他的經驗與哲思。

凡事盡心　心更寬闊

我多次在公開場合及文字中，告訴大家：孫教授生於那憂患的年代，憑藉自己的才識與操守，擁有過學術權威（台大校長）、軍方顯赫（國防部長）、首長名位（行政院政務委員）、科學領導（工研院董事長）的多重光環，但他從不誤用；在大時代、大風浪、大染缸中，堅守大是大非，公正不阿，做了自己良知領航的大學者。這位帶著淡淡憂思的謙謙君子，在追求學術真理與社會正義的過程中，沒有懈怠過，也沒有改變過。歸納來說：這位學人做事有大格局、做人有大包容、做學問有大思路。

即使在他擔任公職期間，不論多忙，只要是他接受的演講與答應的文章，都出自他自身的構思與手筆。正是這樣的終身研讀與著述，卸任公職之後，他擁有了更寬廣的天空。

以「無官一身輕」的灑脫，再回到學術界。當再被稱為「孫教授」時，他變成了一位「自由人」——教書、演講、寫專欄、出國旅行，回到山東老家尋根。他的笑容增多了，評論的範圍放寬了，著述的生產力更是增加了，影響力更擴散了。

與孫教授相識三十多年中，時時感受到他擁有的三個鮮明對比：從不炫耀自己，從不吝嗇稱讚別人；有不與人爭的氣度，有據理力爭的性格；個性或拘謹，思路則豪邁。

每次讀完孫教授的書，都會想到，如果年輕一代能認真閱讀他的書，一定會激發自己要力爭上游的熱情。因此我常說，孫教授是對台灣有貢獻的大學者。

孫教授著作

二〇二三年	《等閒識得東風面：當亞當・史密斯遇見孔子》
二〇二一年	《孔子新傳：尋找世界發展的新模式》
二〇一九年	《儒家思想在21世紀》
二〇一八年	《半部論語治天下：論語選譯今譯》
二〇一三年	《寧靜致遠的舵手：孫震校長口述歷史》
二〇一三年	《世界經濟走向何方？點亮儒學的明燈！》
二〇一一年	《現代經濟成長與傳統儒學》
二〇〇九年	《企業倫理與企業社會責任》
二〇〇七年	《人生的探索與選擇》
二〇〇七年	《台灣高等教育發展的方向》
二〇〇四年	《理當如此：企業永續經營之道》
一九八四年	《邁向富而好禮的社會》
一九八二年	《成長與穩定的奧秘》

附言：孫教授在二〇二〇年十一月的「華人領袖遠見高峰會」中，獲贈「君子經濟學家」殊榮。二〇二一年四月，孫教授又發表了《孔子新傳》一書，他嚴肅地指出：「世界發展的希望在孔子。」他極有說服力地將孔子思想陳述於當代經濟舞台上，與海內外的讀者跨越時空，與孔子相對而談，結伴同行。

二〇二一年六月更新，發表於《進步台灣》

《從憂患中走來》，梅可望著，一九九八年十一月十日，天下文化出版

37 梅可望

能力、魄力、說服力

每隔一段時間，總有機會與梅校長（這是習慣性的稱呼）小敘。從他正在推動的各種計畫中，從他參與的各種國內外學術活動中，從他一向精闢的見解中，

我真不相信，這位充滿活力的教育家，明年就要歡度八十華誕了。

認識梅校長是在一九六〇年初，在密州的東蘭星。當時我在密西根州立大學，可望先生一面在密州大擔任客座教授；一面也在修完政治學博士學位。他那教授專用的結婚學生宿舍相距極近。每到週末，常由我開車邀可望先生外出看看。儘管那時他已經在國內擔任警政界的要職，但毫無高不可攀的架子，因此很快就建立了亦師亦友的情誼。

一九六五年我們一起獲得學位。在那個年代，一位政府官員獲得博士是何等光彩！他返國後繼續擔任要職，我則三十多年來一直就在威斯康辛大學執教。儘管當時一在國內，一在國外，但我們一直保持聯絡。可望先生是一位親筆寫信極為勤快，中英文俱佳的前輩。從他的來信中，我不得不佩服，以及感受到早我們一輩長者的那種愛國情操、奉獻精神與有守有為；特別看到當前各黨派政治人物之自私與自利，就更懷念上一代人物之高風亮節。

與可望先生交往最多的時期，是他在大度山上擔任東海大學校長的時候（一九七八~一九九二）。按照東海的傳統，東海女生嫁給非本校的校友，即屬「二等婚姻」。但這位校長，很偏愛這位二等婚姻的「東海女婿」。因此，幾乎每年都會邀我到山上做演講。隔一些時間去，總會立刻感覺到東海在不斷的進步中——新聘的教授、新增的系所、新建的大樓。

可望先生與夫人以校為家，二位全心投入，真是十四年有成。把東海塑造成了一個既具大規模，又具高聲譽的綜合性大學。校園中除了有濃厚的讀書與研究風氣，也有相當自由的宗教氣氛。自東海大學退休後，可望先生於一九九二年在台中創辦「台灣區域發展研究院」，目前已有十八個研究所、八個研究中心。四年來，重要研究設計及特殊訓練講習共一百五十餘件。一個民間智庫能有這樣的規模與成就，真要令人讚賞不止！三十餘年來與可望先生相識，從他的熱心待人與冷靜做事上，自己得益不少。仔細觀察，可望先生在警政界、教育界、學術界的成就與貢獻，大概是來自於他卓越的能力、持久的魄力與高度的說服力。

謹以此短文，表達對這位密州大學傑出校友的賀意與敬意。

一九九七年六月二十五日發表於《梅可望先生八秩大慶祝壽文集》

38 漢寶德

建築大師，一生從「也行」、「更行」到「真行」

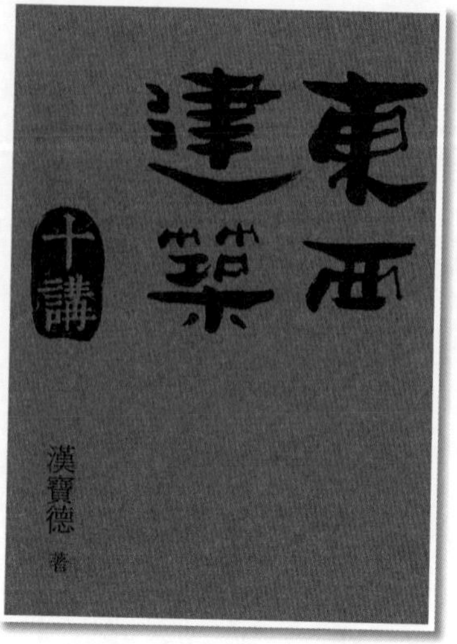

《東西建築十講》，漢寶德著，二〇一三年四月二十六日，天下文化出版

先生走了，走得太早！大家尊敬的漢老師、漢教授、漢館長、漢校長、漢資政的精神依然長存人間。他親手執筆的回憶錄就是取名《築人間》（二〇一二增訂版）。「構築美學人間」是他一生的志業；提倡「藝術教育救國」與「全民美學」是他的方法。

建築大師，一生執著志業

在今天台灣這個爭權奪利、愛出鋒頭、是非不清、意志消沉的大環境中，大家——尤其年輕一代——似早已忘記真善美的追求，也已漢視高標竿的人生目標，更少要求自己應當努力奮鬥；腦袋中充滿著抱怨。溫習漢先生一生的經歷及貢獻，學習漢先生這位君子的典範，應當會對社會產生新一波的激勵。

漢先生的成就，自一九六七年從哈佛和普林斯頓讀書回來後就不斷地累積和擴散。他在那裡學到了視野的開放與想像力的解放。這位三十三歲學成回國的才子，英姿煥發，充滿抱負；那時在東海讀建築的一個二十歲的青年學生姚仁祿有一段生動的追述：「新生入學典禮上，一抹英挺的身影……同學細聲說：『我們系主任……哈佛的……』跨步走過，散發著沒有做作的自信，讓我們折服。大概三十五歲吧！那樣的自信，真不容易。」他心裡在想，有一天能不能也像他？漢先生的學生及無數親近過他的人都在那裡學到了「設計思考」、「文化人格」，以及「做什麼像什麼」的「執著」。

在《築人間》的自傳中，他寫著：

> 我做事的態度是很痴的，痴就是執著，長於自我反省；
> 我的長處就是把事情做到底，不完成絕不罷休；
> 設定一個高目標，努力以赴；
> 遇到問題，耐心地解決，可是不輕易降低標準。
> 我只靠這個磨字，磨出一點成績來。

與漢先生相識是在一九七〇年代，那時他在東海任教，我常利用暑假回來追隨主持經濟發展的李國鼎先生，後來交往增多是我參與創辦《天下》、《遠見》

及天下文化的出版。常請他演講、寫專欄，又邀他寫書，一本又一本；他總是慷慨地答應。最近的一次邀請是在二〇一二年秋天來「人文空間」傳授「東西建築十講」，那是一系列空前精采與生動的文明與建築的巡禮，這本書已在二〇一三年四月出版。

在一九八〇年代，每次聽完他內容豐富的演講，看完他帶來的幻燈片，使大家有一種茅塞頓開的激動。我提醒現場聽眾：「剛才漢教授的演講，除了自謙的話，都是真話。」他的筆名「也行」又是一種自謙；以他的才華與成就，應當是「更行」。看完他的文章，你會說他「真行」。

盡心力，提升全民美育

漢先生的晚年最關心「美感教育」的提升，也就是「全民品味」的提升。他指出十九世紀德法的工業產品能領先英美，即在「美感水平」的差距。他認為唯有透過「美感水平」的提升，台灣才能脫離「代工經濟」的困境。

當我們不斷聽到「台灣最美的是人，最醜的是建築」時，這個矛盾，即在於「美感教育」、「全民品味」沒有進入生活，沒有融入社會，沒有變成政策。

漢先生很親近的弟子姚仁祿先生，認為：美感提升，不只產品變好，政治與媒體的格調，應該也會變好。此刻要以「美感救國」來實踐他老師的夙願。漢先生十一年前寫的〈藝術教育救國論〉是一篇歷久彌新在體制內的「革命性」建言。他盡畢生精力，在堆砌文明長城，「全民美育」是一塊重要的基石。

漢先生周遊各國，看盡世界文明歷史的古蹟與寶藏，深切知道台灣社會需要做的改善。他透過言教與身教，要把台灣構建成一個文明社會。因此他著書、立說之外，願意擔任建築系主任、工學院長、博物館館長、藝術學院校長、總統府資政，就是要能在行政職位上，比較可以實踐他的理想。

漢先生一生設計的建築與豐富的著述，就是讓大家來分享他的執著與成果；他優雅而自在地出入於科學、建築與人文之間；大學、博物館與廟堂之間；台灣、大陸與世界之間；耕耘、豐收與分享之間。

漢先生面對專業，是一位有大成就的建築師與教育家；面對社會，他是一位大時代中罕有的典範。可惜的是：在公共領域，自古典範皆寂寞。

值得漢先生安慰的是，教出來的學生及受益的後輩，都正在大學裡與社會上，以具體的成績在推廣他的典範。

二〇一五年五月二十五日發表於《開放台灣》

39 謝孟雄
文理兼修的謙謙君子

一九八〇年與當時擔任台北醫學院校長的謝孟雄先生，同時擔任明德基金會董事，我們得以相識，展開了二十年來深厚的友誼。與孟雄相處，立刻感染到他談吐的儒雅、見解的貼切、為人的誠懇，以及對社會的熱情。

醫生，兼具人文情懷

我們年齡相近，志趣相近，關心的公共課題相近；雖然他的專業是醫學，但更致力於人才的培育；我讀的是經濟，但更執著於觀念的傳播。我們對當時台灣社會蓬勃的發展充滿了信心，但也有恨鐵不成鋼的焦慮。

我們的一個焦慮是：年輕學子先受困於考試，後又受限於課業，日積月累使我們的下一代，缺少了人文的修養與人文的素質。我們都認為必須透過通識教育及社會風氣的改善來彌補這個缺憾。後來孟雄雖然擔任了六年（一九九三～一九九九）的監察委員，但他從不間斷，在他父親——大家尊敬的謝東閔先生——手創的實踐大學中，默默地以身作則在灌輸大學生應有的人文素養。

辭謝監察委員的再提名後，又回到實踐大學擔任校長。他對人文教育的重視與推廣，更不遺餘力，變成了實踐大學受人稱讚的特色。

人文素養有很多層面，從文學、哲學，到音樂、建築、藝術……。攝影——或者對影像的捕捉與記錄——也正就是其中一支。

孟雄在攝影方面有突出的造詣。他以靈巧的手指、敏銳的觀察，常常在一瞬間，在世界各地的舞台上以及博物館中，捕捉到最傳神的鏡頭。每隔一段時間，我總會收到他剛剛印出的作品，真是萬種風情，令人愛不釋手。書架上就有他拍攝探戈一組的照片，如他自己所描繪的：「探戈是我的情人、我的孩子、我的一切。」這稍有誇張的鍾情，正透露了他對藝術的嚮往。

在孟雄出版的多本攝影集中，有些我曾在現場的博物館中看到過原作。經過他的拍攝，原作的風韻栩栩如生，藝術的永久性在這些照片中活生生的浮現。真是為到過現場的讀者收藏了一個最美的回憶，或者為未去過的讀者開拓了一個全新的領域。

多年來我提倡「分享勝過擁有」，回顧孟雄多姿多彩的一生，展讀謝校長的攝影專集，他讓我們「分享」了他最珍貴的藝術世界，就如我們「擁有」了這些藝術傑作一樣。

政治是一時的，監察委員是一時的；藝術是持久的，教育是持久的。

二〇〇二年八月，十多位好朋友組織了一個「布拉格之旅」。十天的行程中，名譽團長孟雄一路上如數家珍地細述歐洲文明與捷克風土人情，使每一位學有專精的團員，內心感受到「專業內內行」不夠，還要追求「專業外不外行」。

回到台北，朋友們還舉辦了一個私密的布拉格影展。最好的照片當然都是孟雄攝影的。

不論身在何處，孟雄總是展現了他的科學腦、人文心、中華情、世界觀。孟雄的灑脫與成功，要歸功於來自父親的教誨與妻子的支持。他的夫人林澄枝女士本身就是一位傑出的女性。在澄枝擔任「實踐」校長時，我常接受她的邀請與年輕學生討論我所提倡的進步觀念。澄枝後來擔任文建會主委時，有積極的表現與卓越的成就。這對夫婦實在是台灣社會珍貴的資產。

二〇一五年五月二十五日發表於《開放台灣》

40 鄭崇華
光芒四射的「君子企業家」

《利他的力量》，鄭崇華、傅瑋瓊著，二〇二二年十二月八日，天下文化出版

經濟的繁榮與科技的應用，需要企業家；文明的進步與社會的和諧，需要君子風範的普及與大家的推崇。因此我對「君子」與「企業家」特別地嚮往與尊

敬。

什麼是「君子企業家」？

當君子的特質展現在企業家身上時，他們會比「社會」企業家更懂得經營企業，會比「良心」企業家更能發揮社會責任。

什麼是「君子」的特質？與企業結合，重要的幾項是：利人、利他、利天下；求人和、世和、心和；與人為善、沒有嫉妒，自我突破；成人之美、沒有貶損，樂見其成；不走極端、不會硬拗、不愛炫耀。

君子企業家光明磊落，不需結黨營私；他們靠專業，不需靠關係；他們靠市場競爭，不需靠政治勢力。他們嚮往的是：法治的透明與公平，政策的遠見與穩定。

在台灣人才外流的一九六〇～七〇年代，政府首長常說：「台灣缺資源、缺技術、缺資金、缺市場。」我提醒：最缺的還是人才。

儘管半世紀以來台灣在力爭上游，但到處仍有缺少「品」的例子。產品與服務缺少「品質」，消費者缺少「品味」，政商人物缺少「品格」。

「品格」是指：做事有原則；做人有誠信；態度上不爭、不貪、不獻媚；品德上有格、有節、有分寸。擁有這些「品格」的人，就是泛稱的「君子」。當「人品」喪失時，「人才」就淪於「小人」，小人一旦當道，惡性循環就從此開始。

台達電創辦人鄭崇華是第一人選

當遠見．天下文化事業群決定提出「君子企業家」要尋找實例時，就立刻想到一個名字。他的品德、事業、海內外的貢獻，如排山倒海般地在我腦中湧現。我心目中第一位的「君子企業家」，是台達電子創辦人鄭崇華先生。在他二〇一〇年口述的《實在的力量》一書中，我這樣形容：「鄭先生創業歷程，完全符合大經濟學家熊彼得所倡導『企業家精神』的經典定義。它是指創業者具有發掘商機與承擔風險的膽識，以及擁有組織與經營的本領。」

走在時代潮流前面的他，還擁有另一個現代社會抱負：以君子風範，承擔企業社會責任；走出台灣，向世界示範。

《遠見》企業社會責任獎（CSR）自二〇〇五年舉辦以來，台達電已累積二十座獎牌，創下無人能超越的高標。有趣的是，獎項設立前五年，台達電連續三次獲得首獎，評審委員會只好把台達電晉升為「榮譽榜」，委婉說明：暫停三年申請。

台達電不只是台灣企業的「高標」，二〇二二年連續十二年入選「道瓊永續指數」（DJSI）之「世界指數」，且總體評分為全球電子設備產業之首。

節能減碳，腳步不停歇

其中，「綠建築」正是台達電過去十年積極深耕的領域之一。鄭創辦人要求集團所有新設廠辦都必須是綠建築，另外也捐贈許多教學型的綠建築，包括成大南科研發中心、清大台達館、中央大學國鼎光電大樓等。過去十六年，已打造三十餘棟綠建築，以及兩座綠色資料中心，遍及台灣、中國大陸、印度、日本、泰國及美國。

台達電還勇敢而自信地擔任全球「示範者」：讓世界看見台灣在環境議題上的成績。二〇一四年成為大中華區唯一入選CDP氣候績效領導指數（Climate Performance Leadership Index, CPLI）的企業；二〇一五年率團前往巴黎參加「聯合國氣候變遷大會」（COP 21），成為有史以來曝光率最高的台灣團隊；二〇一六年和二〇二〇年，分別出版二冊《跟著台達蓋出綠建築》，記錄輝煌的「綠歷程」，節能減碳的腳步不曾停歇。

《利他的力量》新著中，鄭崇華分享生命不同階段的歷練與體悟，像幼年時，外公、父親及多位師長教會他誠信守諾、謙虛助人、慎思明辨，使他在事業上堅持實事求是，後來更因其熱心幫助客戶解決問題而走上創業之路，並且不斷帶領員工創新精進，堅信「企業不能只是想賺錢，眼光應該要放遠，只要做出對社會有貢獻和價值的產品，商機自然就會來」。使台達電成為全球提供電源管理與散熱服務的領導品牌。

在世界動盪中，鄭崇華這位光芒四射的「君子」，多次證實，只要堅持夢想、專注付出、堅持做有價值的事，「企業家」就能成為人類正向發展的動力。他與台達電利人利己的經營哲學，值得所有人效法、學習。

二〇二二年十二月八日發表於《利他的力量》

《方勵之自傳》，方勵之著，二〇一三年四月三十日，天下文化出版

41 方勵之
科學家與民主開拓者

這篇文章是用來紀念五四運動以後，北大出現了一位國際著名的天體物理學家及一位民主啟蒙的導師方勵之教授（一九三六～二〇一二）。科學與民主正是

驅動那個時代的力量。

科學家與民主開拓者

《方勵之自傳》能於作者去世一年後在台北天下文化出版，是有跨世紀的傳承。如方勵之夫人李淑嫻教授所指出：「這是一份遺稿，一篇與中國近代史血脈相連、卻被塵封的文字，由方勵之親筆寫成，忠實地記錄下他和我親歷的一段歷史，大部分寫成於二十多年前，未曾出版。」

「我們的經歷既有典型性，又有其獨一無二的戲劇性，所以，在本書問世前，有關我們，已有種種或真、或訛、或有意歪曲的『傳奇』流傳。要知事實真相，應以本書為本。方勵之以他一貫坦然、簡潔、深入又詼諧的筆調，解剖自己所思、所想、所做。」

這本自傳對當前提出「中國夢」的北京新領導人，或許也可增加他們思考的新方向。

二十五年的交往

我們三位（王力行與張作錦）於一九八六年創辦《遠見》的一個重要目的，就是要使台灣讀者，透過《遠見》的報導、分析，能客觀地了解轉變中的中國大陸。就在那個改革開放萌芽，中國的科學與民主正需要大量養分的時候，出現了一位星光燦爛的年輕科學家，以及業餘性倡導民主改革的方勵之。

他有天才般的經歷：十六歲進北大物理系。畢業後分派到中國科學院近代物理研究所，也是日後中國科學院當選時最年輕的院士之一。從大學畢業到一九八四年底，方勵之一共發表一百三十多篇學術論文，受到國際學術界的矚目，又擔任過中國科技大學（合肥）副校長。自一九八〇年代初起，他也開始陸續在浙大、北大、科大等地做些「業餘」演講，提出政治改革、教育改革、馬克思思想過時等的言論，校園為之轟動，當局為之苦惱。

相識，從一本書稿談起

先從天下文化出版他第一本書談起。

一九八七年六月下旬在台北接到一位不相識的外國人的電話。他說：「我有一本非常重要的文稿，也許你會有興趣出版。」半小時後，一位斯文而又熱心的中年人帶了方勵之的珍貴文稿出現在眼前，幾乎難以置信；就這樣展開了我與方教授二十五年的交往。

同年一九八七年九月，《我們正在寫歷史——方勵之自選集》在台北問世，立刻受到海內外讀者的重視。次年（一九八八）六月二日終於在北京他的家中相晤。握手的剎那，我們像是認識了多年的朋友。他犀利嚴謹的文章我熟悉；他鏗鏘有力的聲音透過錄音帶我熟悉；他戴了黑框眼鏡的開朗面貌我熟悉；只是還沒見過面。他第一句話是：「聽說你來北大演講？」我說：「除了演講，就是要來看你。」

離開北京前他夫人（李淑嫻）漏夜趕出來的一篇重要文章〈風雨中的勵之和

我〉，她說：「勵之始終處在危機之中。」「勵之胸襟坦蕩、光明磊落，對一切忠實地、認真嚴肅地編輯、出版他的演講及有關文稿的人們，都認為是做了一件有益的事。」

「趁高希均教授來北大、清華演講，順便到我家作客之際，寫下這點真實的過程，避免一些誤傳，以謝所有相識和不相識的朋友。」這段話使各方朋友更體會到我們出版這本文選的用心。

談夢想，辦一所獨立、自由的大學

一年後發生了天安門事件，方氏夫婦避難於北京美國大使館達十三個月。第二次見面時，是一九九〇年的夏天，竟是在英國劍橋。八月下旬的劍橋，遊客如過江之鯽。我到凱因斯思潮的發源地，卻是探訪天體物理學家方勵之。傍晚時刻在他研究室中相聚。次晨他與夫人騎著自行車，來到我的旅舍一起用早餐。他們談中國前途、大使館一年的經歷、台灣的角色，與他們今後的計畫。

突然，話鋒一轉，兩位不約而同地說：「我們的夢想是有一天能辦一所獨立、自由的大學。」這是我第一次聽到他們這樣的抱負。從來沒有離開過大學教職的我，對他這樣的一個「夢想」，自然是充滿驚喜。

事實上，方勵之辦大學的經驗更多於討論人權。方勵之說：「在科大，我的辦學宗旨是：科學、民主、獨立、創造。」他曾在一九八四年四月～一九八七年一月擔任過中國科技大學第一副校長。

他要辦一所什麼樣的大學？他一口氣說出了一個輪廓：

- 大學不在乎大，但要注重素質與精緻，要尊重獨立思考，要注重學術研究。
- 這所大學應當是國際性的，也是開放式的。歡迎各國學者、學生來進修，也允許大學中講授各種思想、學說。
- 這所大學的宗旨應當是科學、民主、文化。培養出來的學生具有探索真理的科學精神、活潑的民主思想，與深邃的文化素養。

他舉出在劍橋讀過法律的李光耀總理，最懂得為新加坡吸引人才。我舉出在劍橋讀過物理的李國鼎先生，遠在二十多年前，台灣面臨嚴重的人才外流時，就設法做出各種人才回流的努力。

方勵之激昂地說：「為中國培養人才，就是在為中國增加希望。」方勵之婉拒出任民運領袖的巨大壓力，完全合乎他的思維。用李淑嫻的話：「方勵之是終生以科學為立命之本。」

「傳記」是李淑嫻最真摯的貢獻

一九八九年的六四事件及進入美使館更是人生中最大的磨難，方教授避難在美國大使館十三個月裡（一九八九年六月六日～一九九〇年六月二十五日），寫出個人自傳。

一九九〇年六月北京同意方氏夫婦離境，他們先赴英國劍橋大學做短期訪問，最後選擇了在美國任教，展開了人生一個全新的教學生涯。定居於亞利桑那大學後有二十年時間，方教授得以在國際物理學界更上層樓。二〇一一年十一月，大病初癒後的方勵之感動地告訴他的妻子：「這二十年的生命是值得的。」

李淑嫻教授自身就是一位優秀的北大物理系教授，為了夫婿的事業與安危，及二個男孩的教養，她付出了一生的青春。在危機及轉機中，她清晰的思維與果斷的決定，一再表現出的是，在二十世紀多難的中國，一位「女性勇者的畫像」。

當方氏夫婦於二十二年前的六月走出北京美國大使館，飛向大西洋時，迎接他們的是無窮的蒼穹，再也沒有能踩到祖國的土地，這應當是方勵之終生之痛。

當有一天我去他安息的East Lawn Palms墓園表達追思時，我會告訴方教授：「你已經承擔了一個中國知識份子太多的責任，做出了太多的貢獻。你又有一位堅毅而聰慧的妻子終身相隨，人生已接近無憾。」

二〇一三年四月三十日發表於《方勵之自傳》

42 張作錦

上世紀關鍵人物的言行，啟發這一代人的奮進

《今文觀止》，張作錦著，二〇二二年十二月三十日，天下文化出版

「回憶錄」不是「封筆之作」

被新聞界尊稱的「作老」，於三年前出版《姑念該生》回憶錄時，當然就立刻轟動。「天下文化」做為出版者，也立刻有讀者關心：以後還能看到張作錦先生的著作嗎？這也使我們敏感地聯想，好像「回憶錄」有時會被認為是「封筆之作」？

這個不確定感，因為這本新著《今文觀止》而得到了解答。這位充滿歷史感與使命感的「終身」記者，只要可能，就會終身奉獻，不會擱筆停頓。

因此，萬千中外讀者又看到了張先生的新著。他指出：「希望年輕讀者能從中了解些故實，知道社會是如何變遷演進的？」

在社會上只顧當前的小確幸心態下，要為大家認真地補一堂百年來「中國社會變遷」的歷史文化的通識課，是何等可貴的承諾！

近年每月一篇在《聯合副刊》發表的「今文觀止」專欄，所討論的人物與時間大多都落在十九世紀中葉到二十世紀中葉。此刻我再貫穿起來，細讀一遍，依然熱血沸騰，思潮澎湃。年輕讀者就可想到：經過時間洗鍊，尚能存活的歷史性文章，它的感染力依然可以是那麼地強烈感人。

在中日抗戰烽火中成長的一代，我們無法忘記：目擊日本軍閥的殘暴及家破人亡的場景。但是我支持當年蔣委員長在戰後要「以德報怨」，我也不斷提倡：「仇恨要遺忘，教訓要記取。」

撰述重要的關鍵人物

這位在《聯合報》從地方記者，一路升到總編輯及社長的張作錦，付出心血最多的地方，當然就是聯合報系台北總部及紐約總部的那張編輯台。多少年來他每晚要面對萬馬奔騰湧入的資訊，在指揮若定中，做分秒必爭的判斷與取捨。這是專業、膽識、功力的結合。

優秀記者擅長對大人物與大事件的報導與分析，這位囊括了台灣新聞界最高得獎榮譽的「報人」，親身示範，以這本近十二萬字的精華篇幅，來透視、解析、俯瞰這三十餘位關鍵人物的言與行，以及所產生的持久影響——他們有正面的貢獻，也有負面的後遺症。

十九世紀以來中國百年存亡的滄桑，都可以在這本書中找到線索——引述幾位人物為例：

- 百年來中國最顯著的現象，處處受制於外人的侵略。因此特別首選胡適（一八九一～一九六二）〈國家是我們的青山〉：「若是國家沒有了，我們到哪裡去？」
- 俞大維（一八九七～一九九三）：國民黨重用他，共產黨褒揚他

錢學森公開稱讚：他是「兩彈一星」的「始祖園丁」。曾去過金門、馬祖前線一百三十次以上，國防部長的辦公室在金門。他曾說：打過仗的人都不要看到戰火重燃，戰爭只能帶來災難。

一九九三年，九十六歲去世，晚年表示：「希望兩岸和平，不再起干戈。」

• 梅貽琦（一八八九～一九六二）：真正君子，一代斯文

西南聯合大學真正成功的因素，在「思想自由，學術獨立」，在「育才先育人」。

辦大學，重大師，不重大樓；他掌管庚款，太太卻擺攤養家。一九六二年，七十三歲，擔任校長二十一年，台北病逝。

核戰一鍵之遙，和平一念之間

十九世紀以來，中國打開了半扇門，東西雙方開始接觸而交鋒而潰敗。面對鴉片戰爭、太平天國、甲午戰爭等內憂外患，站在存亡絕續十字路口的中國，急於革新以提升國力，也因此本書選擇了胡適〈國家是我們的青山〉，張學良〈中國人，是條漢子！〉，以及推介了嚴復、魏源、鄭觀應等「睜眼看世界」、積極引入西學以強健體質的新思維的一代大師。

在這部取材豐富、觀點銳利的作品中，作者透過三十餘位清末民初人物的生平故事，對近代中國的百年動盪進行了深刻且立體的描繪，字裡行間都可感受到這些文人志士的憂國憂民；書中還寫到幾位對二十世紀中國產生重大影響的外國人，包括在華五十年、為中國建立現代化海關系統的英國人赫德（Robert Hart），以及將共產黨和毛澤東首次介紹到西方的美國記者斯諾（Edgar Snow）。

他們的言與行、成與敗，影響了中國百年社會走向。

台灣此時此刻身在二十一世紀二〇年代，面對強權競逐，要記住先人的智慧及教訓，將國家視為「我們的青山」，避免淪為被操控的卒子，成為大國霸權的籌碼。

這本書提供了國人，尤其年輕一代，百年來中國的挫敗及省思，書中的材料應當變成年輕一代奮起中，不可或缺的學習素材。

全球新冠疫情尚未完全被控制，地球的另一端，俄烏之間戰火不斷，牽動世界變局。美國社會受到民意煽動、軍火利益、「美國第一」等等的強勢主導，中美之間持續升高明爭暗鬥。

隔著太平洋，核戰僅一鍵之遙；隔著意識型態，和平仍繫一念之間；在紅線邊緣的兩岸關係，更是接近一觸即發，一發也就不可收拾。天佑「我住過的三個家」：台中美。

天下文化創辦四十年以來，共出版了四千餘種書。值此大災難可能發生的當下，我們非常必要一起認真地細讀資深報人張作錦所執筆的《今文觀止》。

這本大著為中文世界的讀者，打開了一扇自大又自卑的大門，樹立了一個全球化下不進則退的標竿。作者無懼地送給了讀者一世紀的慘痛教訓，以及今朝向上奮進的重大選擇：兩岸不再起干戈。這也正是我在二〇二三「知識跨年饗宴」所倡導的：「唯有和平，才有這一代的安定，下一代的發展。」

二〇二三年二月號《遠見》雜誌

43 王力行

有分寸，有格局，主持《遠見》編務十三年

《無愧》，王力行著，一九九四年一月三十日，天下文化出版

讀者的肯定

在台灣辦雜誌難，辦一本理性、專業、對時政有所批判的雜誌更難。這正是十三年來王力行主持《遠見》編務的心路歷程。她克服了困難，也超越了恐懼，一路走來，眞是始終如一。她的全心投入，使《遠見》受到了廣大讀者的肯定與讚賞。

十八年前我們創辦《天下》雜誌時，王力行擔任副總編輯；十三年前創辦《遠見》時，她就一直擔任了創刊以來的總編輯。《遠見》每一期十多萬字的內容——從封面故事到專題報導，全來自她與編輯部同事的細心策劃。從當初以「中間的聲音」自勉，到近年來以「最用心的聲音」自許，《遠見》所秉持的就是「專業」——客觀的報導深入的分析、理性的探討與認眞的製作。

自政治大學新聞系畢業後，她一直堅守著新聞與編輯的崗位。她不相信只有壞消息，才是新聞；只有扒糞，才顯現勇敢；只有八卦，才能吸引讀者；只有渲染，才能受人重視。她更痛心新聞專業被諷刺成「製造業」及「修理業」。

在她謙和理性的新聞採訪與寫作態度中，堅持「沒有恐懼，沒有偏袒」。在她所主編的《遠見》中，不會有時下流行的刻薄辭句、聳動的標題、不尊敬對方的傲氣，與獲得獨家專訪後的沾沾自喜。

一位有分寸、有格局的女性，每期編出了一本有分寸、有格局的《遠見》。《聯合報》社長張作錦就一直這樣形容她：「既不辛辣，也未加調味品，但有菜根香，愈嚼愈有滋味。」

突出的幾期

在《遠見》已出版的一百五十二期中，最突出的幾期包括了：

(1)一九八七年十二月（十八期）「歷史性專訪蔣經國總統」，這是經國先生第一次也是最後一次接受中文媒體專訪。

(2)一九八八年六月（二十五期）：「中國在那裡——遠見記者群第一次深入大陸的深度報導」，王力行寫著：「中國大陸是『中國結』的起點，也是『台灣結」的終點。瞭解這個起點與終點，是每位中國人的責任。」

⑶一九九〇年二月（四十五期）：「以色列國家專輯——四十年來第一組中國記者深入聖地採訪」。

⑷一九九四年九月（一〇〇期）「新台灣人——悲情不再的務實者」。在去年台北市長選舉中，李登輝總統適時提出「新台灣人」理念，似乎說明了《遠見》的遠見。

⑸近年來分別在年中與年終出版「大學排行榜」與「台灣民情報告」，引起了各界重視。

這些以及其他專題報導，為《遠見》贏得了十多項新聞獎的榮譽。去年對大陸與香港的現場採訪，又獲得了兩項新聞報導獎。

從「無愧」到「鬧中取靜」

王力行的五本著作是她筆耕的紀錄，最受矚目的是一九九四年出版的《無愧

——郝柏村的政治之旅》。張作錦先生對此書的評述是：「多少人等待刀光劍影的宮闈內幕，多少人預期王力行的借題發揮，可是上市的《無愧》……為歷史留下一些材料，沒有逾分，更無渲染。」這本中規中矩的書，在兩個月之內創下了十八萬冊的空前紀錄。是否給善於譁眾取寵的市場提供另一類思考？

在《寧靜中的風雨——蔣孝勇的眞實聲音》（與汪士淳合著）一書中，王力行又展現了她既嚴謹又親和的一面。孝勇相信她，指定要她來採訪撰述。他病前與病後的多次長談，變成了該書的主要素材。正如事先約定，對某些人與事的重要透露與批判，則只能永遠隨他的去世而冰凍。

《請問，總統先生》（一九八八）、《愛與執著》（一九九一）、《鬧中取靜》（一九九六），這全由天下文化出版的書是她主持《遠見》編務的部分成績。這些書都相當程度地反映了台灣社會所遭受的顛覆與她的客觀解讀。

交棒時刻

如果要以「還有太多沒做完的事」來自許，那麼任何一位有使命感的人——從國家元首到市井小民，都不可能卸職。做出交棒決定的王總編輯，是功成引退地向萬千讀者提供了一個新的遠景。

《遠見》之「失」，是天下文化之「得」。王力行將出任天下文化的總編輯。讓我們一起祝福王總編輯面臨的新挑戰。

一九九九年三月號《遠見》雜誌

44 黃達夫

用心，就會做對

《用心，在對的地方》，黃達夫著，二〇〇一年十月十五日，天下文化出版

台灣的惡質選舉、統獨糾纏與省籍情結，不容易帶來台灣的政治安定；但是散布在台灣各階層的民間人士與民間組織，仍然鍥而不捨地在為提升台灣社會，

做出了難能可貴的奉獻。

和信治癌中心醫院院長黃達夫先生就是這麼一個典範。

自一九七六年起，在美國杜克大學醫學院擔任教職的黃大夫，就經常往返美國與台灣，他首先關心台灣醫學的發展，然後在一九八八年秋天，抱著破釜沉舟的決心，回到台灣來開始遊說和籌款，要籌建國內第一所治癌中心。這是一條艱辛的路，但更是一條歸鄉的路。

十三年前，從台北市立仁愛醫院裡租用兩層樓開始，病床總數不到七十床，到今天這所國內唯一的治癌中心，已擁有三百五十個病床。三年前我第一次踏進位在北投的「和信」，立刻被那設計的亮麗、新穎、親切所吸引。它不像一個醫院，因為它沒有典型醫院中的嘈雜、沉悶、藥味。大樓中每項設計可以感受到它的用心，每一個陳設呈顯出它的氣質。這麼多年來台灣的公共建設，不僅嚴重落後，而且設計落伍，有哪一所大學、哪一座醫院、哪一幢政府辦公大樓，擁有現代化的質感而且講究維護的？

如果有錢，硬體的現代化還不難；軟體（包括觀念）要能現代化，則是難上加難。這正是黃院長面臨的最大挑戰，也正是他最大的優勢。

在這本新著《用心，在對的地方》裡，我們讀到了他如何耐心地堅持自己理念，或孤軍奮鬥、或以理服人、或日久見人心。黃院長以四章、三十多篇文章，探討四個相互貫連的理念：⑴**做個好醫師**、⑵**追求醫療好品質**、⑶**改變國內的醫療制度**、⑷**釐清觀念**。

最使黃院長費神的還是「無時無刻不斷地碰撞著傳統文化、既有觀念，以及健保制度的衝擊」，減慢了進步的速度，因此他的心情常在喜悅、憂鬱與焦急中打轉，這真是一個推動進步觀念的有心人的真實寫照。

在黃院長心目中，「病人」最重要的部分不是「病」，而是「人」，堅持「以病人為中心」的宗旨，倡導「醫院經營者首要的任務就是保障醫療品質，照顧病人的最大利益」。面對不合理的健保制度，更苦口婆心地主張「正確的醫療，才是最經濟的醫療」。

黃院長深知要改革一個社會的醫療體制、以及多種的配合措施，是何等的艱辛！他以身作則，從他創設的和信醫院做起；從他參與教育部、國衛院、衛生署等重大醫療政策及議題的規劃與評鑑著手；更用文章及演講，來四處扎根。十一年來夜以繼日地努力，儘管辛苦，但已有豐碩的收穫。以最具體的和信醫院治癌成效來比較，照顧病人的平均五年存活率，已與美國的成績相當，在國內特有的鼻咽癌和肝癌的治療成績，更超越了美國。

在討論醫術與醫德時，他引證了美國醫界的一個說法：「最危險的醫師是很慈祥地握著病人的手，卻一再地為他做錯誤決定的人。」（頁二十一）這說明僅有醫德不可取，必須要有醫術。我敢大膽地說，在台灣有醫術的醫生不少，有醫德的人太少。這就是為什麼在書中四十四頁引述哈佛醫學院一年級學生在探訪一位被誤診的病人時所難以忘懷的話：「一個醫師最重要的是要有憐憫之心，要耐心聽病人的心聲，並重視病人的每個抱怨。」

因此，黃院長反覆地告訴醫學院的學生：「直接從照顧病人中學習」、「從當醫學生就要開始拓展大圓」。所謂大圓，就是不要局限於汲取知識及學習技術的小圓，而要提升自己的心靈與關懷，對病人有熱情，全心為病人著想，建立與病人親密而良好的互動。黃院長相信：有了這樣的大圓，才更會有熱情與動機去吸取新知識、新技術，做更多的研究來幫助病人。

這樣苦口婆心地勉勵醫學界的下一代，正是他用心之處。這本書的書名，只要再稍加引申，我們更可以看到一個和諧圓滿的社會。

用情，在對的地方（哪還有悲劇？）

用愛，在對的地方（哪還有暴戾？）

用錢，在對的地方（哪還有浪費？）

用力，在對的地方（哪還有事倍功半？）

用腦，在對的地方（哪還有徒勞無功？）

在與黃院長相識的這幾年中，使我感覺到他今天的收穫以及各界對他的讚譽是來自他——

- 人文的氣質
- 博愛的精神
- 鍥而不捨的堅持

・回饋家國的熱情

「改革不良的傳統和制度是知識份子的責任——但是他必須從自己做起。」黃院長在自序中的話，正印證他自己不僅是盡責的一流醫生，也是一位值得敬佩的知識份子。

二〇〇二年一月號《遠見》雜誌

45 余秋雨
點燃了那股追求善良、理性、人文的火種

《借我一生》，余秋雨著，二○○四年七月三十日，天下文化出版

面對每一場場內與場外擠滿的聽眾，
面對每一位讀者盼望的簽名與留影，
余先生都耐心而細心地回應。
那些最忙碌的領袖，
也都成了聽眾。

近年來台灣人民對選舉時刻的那種造勢，對那種被鼓動的情緒，對那種所使用激烈的言詞，對那種所造成的社會分裂，終於厭倦了，終於覺醒了。

當喧譁的年代漸漸遠離，何時才會出現冷靜、理性，而又深情的聲音？

我想到了集文史學者、戲劇家、大散文家於一身的余秋雨。余先生曾於二〇〇五年二月來訪，激發了台灣社會新一波的閱讀熱情、人文省思與文學探索。他從容自在地點燃了那埋藏在大家心底已久的文化火種與善良本性。

二〇〇五年二月的台灣，綿綿陰雨，秋雨卻帶來了人文豔陽天。

試看他演講過的這些題目：

- 人生領悟與文學人生（與星雲大師對談，佛光山）。
- 旅行、閱讀遇見百分之百的人生品味（台北市親子劇場）。
- 衆聲喧譁、生命因閱讀寧靜（台北國際書展）。
- 全球化趨勢下，企業與個人的人文堅持（遠見人物論壇）。
- 科技虛擬時代，需要文藝復興（清大）。
- 江南到世界從城市美學看文明傳奇（中興大學）。
- 從戲劇與文學，看生命力量（成大）。

所有這些題目，都是天下文化的年輕同仁腦力激盪出來的。這位優雅而博學的客人，照單全收。走上每一個講壇，不帶一頁講稿，就啓動了那動人的演講。當聽衆仍沉醉於人文境界與邏輯思維中，時間已到，不得不戛然而止；接著是現場的生動對話。

台灣讀者對這位演講者所表達的眞誠與熱情，是我前所未見。面對每一場場內與場外擠滿的聽衆，面對每一位讀者盼望的簽名與留影，余先生都耐心而細心地回應。那些最忙碌的領袖：從馬英九、胡志強、林全、陳長文到張忠謀、林蒼生、李焜耀，都成了聽衆。

自己最大的收穫，除了演講本身的啓示，還有從不同年齡、不同職業、不同城市出現的人潮中，看到了人性中所蘊藏的那股追求善良、理性、人文的力量！這股力量就是台灣的希望；也正是這股力量，使秋雨夫婦喜愛台灣。

雖然筆者自己學的是經濟，但近年來我最關心的，不是「改變經濟」現狀，而是「改善台灣」現狀。二〇〇四年八月我出版了《八個觀念改善台灣》一書，其中五個觀念是：

- 推展「有靈魂的」知識經濟。
- 走向開放社會，厚植國家競爭力。
- 提升人的品質與生活。
- 培養人文情懷。
- 構建「學習型台灣」。

這五個觀念與文化及人文息息相關。二〇〇四年二月七日余先生抵台，在當天《聯合報》副刊發表的〈闊別五年〉一文中，他指出在考察了九十六座歐洲城市與中華文明做了對比之後，就發現中華文明有諸多弱點：尤其表現在人文關懷、個性自由、知識份子責任、理性精神、法制意識等方面。這位人文學者看法，與一個讀經濟學者所提出的改善，正是不謀而合。

在秋雨眾多的文化評述中，出現在《借我一生》第四卷第三章關於中華文明的幾段話，令我這個長期研究落後地區經濟發展的人讀後為之折服。他寫著：

中華文明具有其他古老文明所不具備的一些綜合性生命力，主要表現為——

在傳導技術上，建立了一個既統一又普及的文字系統；

在傳導狀態上，建立了一個對社會、對歷史的開放式對話系統；

在生息空間上，沒有失去過一個遼闊而穩固的承載地域；

在精神空間上，以中庸之道避免了宗教極端主義的嚴重灼傷；

在外部關係上，因農耕生態而沒有過度熱中於軍事遠征；

在內部關係上，沒有讓社會長期陷於整體性無序狀態；

在固守精神主軸方面，借助於科舉制度，使儒家文化成了一種廣泛的生命化遺傳；

在汲取外部資源方面，採取了一種粗糙而又鬆軟的彈性態勢，使各種文明成分大致相安無事。

我近年來參照西方的管理學說，也闡述一個社會如何在世界舞台上才能發揮生命力、競爭力、執行力等等觀念。

從柔性的人文省思到硬體的經濟發展，我們都無法擺脫無所不在的文化與制度的力量；我們更無法避免千年以來文明興衰的衝擊。

余先生做到了他說的：「文化人不能故做清高躲在一邊。」

從《文化苦旅》到《借我一生》，我們都變成了余先生詮釋大空間、大時間、大文明下的忠實讀者與聽眾。

二〇〇五年四月號《遠見》雜誌

46張心湜
集名醫、校長、院長、院士於一身的「人生好風景」

《張心湜醫者之心》，張心湜著，二〇一三年七月二十五日，天下文化出版

（一）

年輕時，準備教材上課，有激勵學生的興奮；年長時，思考文章題材，是一種推廣觀念的挑戰；近年來，勸說有成就的人物，要把他們的經歷與智慧與海內外讀者分享時，有說不出的期待。當勸說成真，就有極大的成就感。這時我就特別體會到分享有成就人的「智慧」，遠比分享有錢人的「財富」有價值。在說服本書作者於天下文化出版的過程中，王力行發行人費心甚多。

本書作者張心湜校長（大家習慣這樣稱呼他），正是台灣社會半世紀來一位有成就與智慧的典範人物。張校長也許仍然會謙虛地說：我的一些經歷只是告訴大家，尤其年輕人：「如果我能，你們一定也能！」

如果讀者對作者的名字有些陌生，可能是隔行如隔山，更可能是因為張校長的個性、工作性質、醫學專業以及那些病人（包括經國先生）的敏感性，使這位良醫、名醫、優秀的大學校長及教育家，習慣於低調及不多言；這就更使得這本書的內容更為珍貴。

（二）

這本十萬字的書精簡、流暢，只要打開首頁，就會一口氣讀完。書中的張校長使讀者驚喜：他侃侃暢談大事，娓娓道來說故事；他講得自然、坦率、親切；因此全書故事多、節奏快、文字乾脆、譬喻生動。書中更有對醫學教學及醫病關係的深思，也出現「快人快語」的直言。例如這些引人入勝的題目：

- 從眷村「老大」的童年轉向學醫
- 遇到嚴師，選擇泌尿外科
- 出國修習新式開刀法
- 幫經國先生治病
- 政商名流治病易，對付家人難
- 傾斜的醫病關係的深思
- 改善健保與醫療品質的艱辛

- 外科醫師一百分才及格
- 接掌陽明大學，引起改革風波
- 走過風雨，告別陽明
- 當選中國工程院院士，提早自公職退休

這是本人人可以得益的書。年輕人要學習如何從「放浪」中尋找自己的專業；醫學專業人士要學習「一百分才及格」。他自己的成就是靠嚴師、自律及絕不馬虎的龜毛習慣；在做人處事上，要信任別人、幫忙別人、選用人才、給人機會。他個性中一直閃耀著那股「俠醫」的道義。

（三）

看完本書，才知道張校長與我有類似的成長背景：他是在高雄六十兵工廠的眷村長大，我是在南港六十一兵工廠長大。那是一個清寒、迷惘，需要努力奮鬥的年代。比我小六歲的他，曾是眷村小霸王；考入國防醫學院是人生轉捩點；自此他開始走上榮總名醫、陽明大學校長、振興醫院院長、中國工程院院士的專業大道。如他所自述：「我行舟於人生長路上，水流曾平緩、曾湍急……但河水終能澄澈……我看到人生好風景。」

大陸媒體稱讚「台灣最美麗的風景是人」；看到張院長與張校長對醫學與教育的重大貢獻，這句讚美的話真是何等地貼切！他一生的經歷真是「看到人生好風景」。

二〇一三年八月九日發表於《人間福報》

《改變成功的定義》，林靜宜著，二〇〇九年十二月三十日，天下文化出版

47 蔡長海
醫療和教育志業的巨人

蔡創辦人的四大貢獻：
改善了病者的就醫環境，改善了學生的學習環境，

改良了醫師的定義，改良了教育的定義。
這也是他堅持「創新改變、追求卓越」的具體成就。

兩所卓越大學及醫院

在我多年來所提倡的「新讀書主義」中有二句話：「自己再忙也要讀書、交情再淺也要送書。」最近又提倡：「閱讀救自己。」

我自己認識蔡創辦人是透過一本書的緣分。前幾年我們出版了《大學教了沒？哈佛校長提出的8門課》，蔡創辦人讀到這本書，覺得對台灣的高等教育有極大的啟發，決定大量送贈給教授、學生與圖書館。這種慷慨的捐贈與分享，極為罕見，也因此而相識。

五年前我推薦天下文化出版的一本好書：《改變成功的定義：白袍CEO蔡長海的利他願景學》。從書中，我們可以真正學習到什麼才是「成功」的定義與力量。

這位受人愛戴的醫師，是靠自己的努力，堅持、專業以及對社會的奉獻，獲得了他主持中國醫藥大學、亞洲大學與兩所醫院的成就。逾半世紀的中國醫藥大學已進入世界頂尖大學；創辦十六年的亞洲大學被選為全球最年輕的「五個百大」大學，二〇一六年八月亞洲大學在霧峰蓋設的附屬醫院順利開幕，又創下了「不可能完成」的紀錄。

二〇一三年落成由安藤忠雄設計的「亞洲大學現代美術館」，已具國際聲譽，並與哈佛、牛津、劍橋等一流大學的美術館合作結盟。參與創建美術館及結盟的劉育東教授內心一直佩服蔡創辦人的氣魄及決心：要把建築、藝術、人文等精神融入大學，使大學具有國際的水準。

蔡創辦人近年來又邀請獲普立茲克獎的建築大師法蘭克·蓋瑞（Frank Gehry）在台中水滴區規劃全球「健康產品研發與展示中心」。

創造「亞大奇蹟」的另一位功臣，是亞大校長蔡進發博士。這位美國西北大學電機工程與電腦科學博士，任教伊利諾大學多年，獲選為三個國際學會的院士。在他及亞大師生全心投入下，已經獲得不少國內外優秀的評比。辦學成就已名列世界級五個百大，學術研發名列私校前茅，學生參與國際競賽屢屢獲獎。這是台灣特別是中部地區的驕傲。自己是五十年前在中興大學畢業，現在看到後起之秀的急起直追，令人興奮。

前衛生署長葉金川是這樣形容他所認識的蔡創辦人，「外表溫文儒雅，卻有強烈的企圖心；引領中國醫藥大學暨附設醫院以及亞洲大學向上提升，並且廣伸觸角，讓偏遠地區的居民也能接受醫療服務。」

正是這些綜合的成就，四年前《遠見》雜誌在華人企業領袖高峰會中，頒贈蔡創辦人「傑出領袖獎」，現場三百餘位來自世界各地的企業領袖報以熱烈掌聲。

中國醫藥獲得國際肯定

二〇一五年諾貝爾醫學獎首次頒贈給中國。獲得此一榮耀的是一位八十五歲的女科學家屠呦呦。這位被譽為「五無」的科學家：未留學、非博士、非院士、不會英語、未在國際重要期刊發表過論文；但是她研發成功的「青蒿素聯合療法」，是治療瘧疾的首選用藥，在全球三十多個國家挽救了七百多萬的患者生命，多數為五歲以下兒童。

蔡創辦人在《屠呦呦傳》（天下文化，二〇一六）的推薦序中寫下這一段令人振奮的話：

屠呦呦的獲獎，除了她與團隊的努力被肯定之外，也是中醫藥走向世界舞台的一個榮譽，同時，也向國際醫學界表明中醫藥對維護人類的健康的深刻意義。對於全世界研究中醫藥的人來說，具有非常大的鼓舞作用，深富傳承與教育的意義。

這也間接證明蔡創辦人當年接辦中國醫藥學院的遠見。

蔡創辦人的四項特質

讀完《改變成功的定義》這本書，蔡創辦人的四項特質躍然紙上：

- 他擁有嘉義漁港小村堅毅奮鬥的精神。
- 他發揮了台灣民間所蘊藏的熱情。
- 他展現了現代醫學的專業素養與人文精神。
- 他結合了一個成功CEO所擁有的執行力、競爭力，以及藍海策略。

他把醫學、教育、人文、公益綴連成了我所形容的「蔡長海價值鏈」（Dr. Tsai's Value Chain）。更進一步說，蔡創辦人已做出了四大貢獻：改善了病者的就醫環境，改善了學生的學習環境，改良了醫師的定義，改良了教育的定義。這也是他堅持「創新改變、追求卓越」的具體成就。

最後他改變了「成功」的定義。「成功」不再是世俗的榮華富貴，不再是功成名就，而是不斷的鞭策自己，提升願景，與社會共同分享與成長。

二〇一七年六月更新，發表於《翻轉白吃的午餐》

48 姚仁祿

才子與君子兼有的創意家

《創意姚言》，姚仁祿著，二〇〇七年八月三十一日，天下文化出版

我從不羨慕別人的財富，但總是羨慕別人的才華。

當我羨慕別人的才華時，我更迷戀「才華」中的「精華」：創意。在企業家與創意人之間，要做一個選擇，我所嚮往的當然是「創意人」。

進入二十一世紀知識經濟年代，「創意」變成了人類進步最重要的動力。《追求卓越》的作者畢德士（Thomas Peters）近年大力鼓吹「重新想像」（Re-imagine），就有殊途同歸的看法。

創意看不見摸不到；它無所不在又稍縱即逝。它可以是媒體寵兒，也可能是退居隱士。創意既可能引發革命，產生英雄；也可能「敗者為寇」，從此消失。

這是我這外行人對創意的聯想。創意在哪裡？如何產生？如何運用？如何與產品及生活銜接？那一連串的問題是大家想知道的。姚仁祿的《創意姚言》〈卷二：創意漫步〉，充滿了仁祿對創意的原創性的闡述。

創意，開拓新的視野

我之嚮往創意，正就是彌補自己研讀經濟所帶來思維上的世俗與局限。

一九八〇年代前，當GNP（國民生產毛額）增加時，大家口徑一致地都認為這就是代表經濟成長；當環保意識崛起，尤其全球溫室效應擴散時，GNP的增加便常常被批評為垃圾（garbage）、噪音（noise）、汙染（pollution）的增加。因此，討論經濟發展與人民福祉時，就必須要擁有「闖意」——闖出傳統意識（conventional wisdom）。

近年來，不斷受到讀者歡迎的書如《注意力經濟》、《定見》、《決斷兩秒間》、《我的發想術》、《快樂經濟學》、《百辯經濟學》、《隱藏的邏輯》等等，都是「闖意」的示範——結合了心理學、社會學、統計學、神經科學等來解釋各種社會現象與身邊經歷的事物。

自己讀完再好的經濟論述，得益的邊際效用總覺得有限；但一接觸到自己領域之外的書籍與演講，得益就無窮。仁祿源源不斷的創意，提供了新的想法與視野，是使我近年得益最多的一位友人。

比腦袋，勝於比口袋

細讀《創意姚言》一書，等於扎扎實實地自修了一堂課。閱讀的過程，真是樂趣無窮。它使你沉思，使你自我懷疑，使你豁然開朗，使你意猶未盡；又想起趨勢大師奈思比來台訪問時說的：「我的一生何其幸運，人家給錢讓我學習。」

在提出的眾多創意理念中，我特別喜歡作者的這句話：「談設計，腦袋，比口袋重要。」事實上，何啻是在設計的範疇。我近年來不斷地倡導軟實力（soft power），就是在「比腦袋」；那些要增加硬實力（hard power）的人，是在「比口袋」。

再引申來說，在全球化年代，一個社會只靠自己培養出來的人才終會不夠，因此要以開放的態度與政策，向全世界引進人才，借腦袋（書中提及的「杜拜經驗」就是一個例證）。一個現代社會最可怕的心態是：不在乎與世界脫軌；一個現代國家最淒涼的場景是：國際機場很少見到外國人。

自律與自信，君子一生的資產

他的創意使人驚豔，但他這個人卻是這麼地中規中矩，這麼地可預測，這麼地一致性：極端地自律與自信，毫不妥協地追求完美，斯文含蓄中蘊藏了深厚的大愛與理性。從《父親的夢》一文中，讀者就能感覺作者是位孝子；從書中展現的才情，就會肯定他是位才子；從彼此的交往中我更要說：仁祿是位君子。

這位從容的才子，表現在書中是他淵博的知識、跳躍的才情與動人的文句。貫穿全書的是他對創意的各種自述、引述及闡述。

這位包容的君子知道他在追求什麼，更知道他早就放棄了什麼。他的言行呈現了三維空間：創意的「大有為」、刻意的「有所不為」、蓄意的「無為」。

書如其人，人如其書，一樣地使人想親近，一樣地使人會得益；像寶礦一樣，使人更想慢慢地發掘。

二〇〇七年八月三十一日發表於《創意姚言》

《行銷學的世界（四版）》，黃俊英著，二〇〇七年八月三十日，天下文化出版

49 黃俊英
台灣「核心價值」的典範

一九八七年，他轉赴中山大學擔任管理學院院長，展開了回到家鄉高雄二十多年的奉獻；後又出任高雄市副市長（一九九五~九八）、義守大學副校長，表

現有守有為。他一生憑自己的能力與操守一帆風順，只有二次的高雄市長選舉，出現了人生的起伏，但更展現了人格的高貴。令人痛心的教訓是：一個純正、善良、誠懇的學者，是難以在險惡的政治濁流中勝出。

與俊英相識三十餘年，有三段交往值得懷念。

(1)**學術上的：**十年前我終於說服了他為天下文化寫一本《行銷學的世界》。這本專業與通俗兼顧的書，立刻洛陽紙貴。每隔三年他就要修改一次，編輯同仁對黃老師的認真及謙和無不稱讚。

(2)**政治上的：**二〇〇六年秋天，專程南下為競選高雄市長的俊英兄「助選」。這是一生第一次站台。我拿著他原著的《行銷學的世界》向台下群眾說：「黃教授非常會行銷高雄，向世界接軌；但是他非常謙虛不肯行銷自己，來贏得選票。」可惜以一一一四票落選。他壓制了因「走路工事件」產生內心的不平，但不出惡言。

(3)**教育上的：**二〇〇八年九月出任考試委員後，我們共同關心的重點都是環繞著教育相關的議題，常常通電話與寄資料。去年二月底應高雄長庚醫院陳肇隆院長之邀去演講，他前一晚在家中請吃飯，歡迎我再邀一對好朋友參加。當然立刻想到俊英兄嫂，他們專程從台北回高雄。見面時他稍顯清瘦，但精神很好，我們與這位國際馳名的人工換肝醫師聊天，談得興高采烈。沒想到這變成了與俊英相聚最長的一個夜晚。

一月十三日馬總統在府中接見「遠見平民英雄」，他以「正直、善良、勤奮、誠信、進取與包容」稱讚平民英雄所擁有的這些美德是「台灣的核心價值」。

這六項美德，黃俊英委員的一生，一個都不少，這真是一個完美典範。我們還要再加上六個「從不」。他從不抱怨、從不虛偽、從不報復、從不口是心非、從不馬虎敷衍、從不假公濟私。台灣最美的風景是人，這個人就是一位謙謙君子、一位卓越學者、一位有為有守的政務官、一位我們永遠懷念的考試委員黃俊英博士。

俊英兄：你可以放心地安息了。北台灣是你學業與事業的發祥地；南台灣是你生命的起源與歸宿，在碼頭附近出生，在父親的鐵工廠中幫助打鐵；七十四年後在家人陪伴下，安詳地於家中去世。我們會記得你一生的言行，從那裡學到自我的要求，也學到社會前進的力量。

二〇一四年二月號《遠見》雜誌

50 吳敏求
接近滿分的奮鬥人生

《吳敏求傳》，吳敏求、楊倩蓉著，二〇二二年五月二十日，天下文化出版

自律、自信、自負、自強

今年是「天下文化」四十週年。四十年來我們出版了四千餘種書，其中一個重要領域，就是分享企業家的歷練及成就。大都以傳記、回憶錄、口述歷史等方式呈現。

這些重要的企業領袖，從國外的賈伯斯、巴菲特、貝佐斯，到國內的張忠謀、郭台銘、鄭崇華等，都是「天下文化」的傳主。

《吳敏求傳》就像成功的企業家一樣，不僅擁有多項「第一」，更有不少「唯一」的榮耀。全書十萬字，精實，率真。處處顯示這位工程師的人格特質：自律、自信、自負、自強；不會只想到利潤與短期收益，更不會隨波逐流，盯住股價。他堅持人才及研發的重要。在勇猛衝刺中有過傷痕，更多時間是獨占鰲頭。他指出：「順境是失敗的開始，逆境是成功的轉機。」他邏輯思維強，自知之明也強。他說：「我人緣不好，從不應酬，樹敵也不在乎，只要客戶買我東西滿意就好。」吳敏求被認為是在台灣科技界中的獨行俠。

在楊倩蓉多次採訪的筆下，這位充滿壯志的科技企業家，直白地分享了他傳奇般的故事：成功中有失敗，失敗後又再起。

一九八九年（三十三年前），從矽谷帶回了四十位雄心的工程師返台創業，擴大了台灣海外專業人士的返台潮。一九九八年六月，創業快十年的吳敏求，被選為美國《富比士》（*Forbes*）雜誌的封面人物。這是台灣第一位企業家獲得的國際肯定。到目前為止，旺宏已累積了八千餘件專利實力。面對來自國際大廠專利訴訟官司，堅拒和解賠償，反告對方侵權，獲得超過一億美元的巨額賠償。

旺宏今天是全球最大唯讀記憶體及NOR型快閃記憶體供應商。從未賣出一張股票的創辦人，就是要在順境與逆境中堅定地打造旺宏成為世界一流的公司。雖然曾在一九九九～二〇〇二的四年間有過挫敗，但是「失敗」就是創造另一個顛峰的開始。

他是一個擅長解決問題的人，極高超的毅力與堅持。他全部的心思投入發明，創業，很少時間設法早些發財。寧可晚上不到九點就寢，也不浪費時間去應酬。在高科技行業中，旺宏是第一個週休二日，及設置現代化員工活動中心。

二十五項「自律」與旺宏領導人的對照表

二十五項企業家的自律	吳敏求的思維與作為
（一）避免從商的陷阱	
❶相信「關係」，比相信「自己」更重要	讓品質說話，客戶主動找上門（P223）
❷相信喝酒、打球這種社交，才能找到商機	堅持正派經營，禁止上酒廊談生意（P53）
❸相信發財不能等	把目標訂到最高（P203）
❹相信貪便宜、小聰明、偷竊技術，忘了走正路	黑白分明，有守有為（P191）
❺相信政府的保護與補貼，忘了自己的責任	找錢，讓公司生存下來（P22）
（二）「學習」致勝	
❻自己要摸索領悟，更要「走出去學習」	轉入高手如雲的史丹佛，確定創業路（P132）
❼不讀書、不學習，趕不上變化	美式教育讓他重新看待學習（P134）
❽只有靠吸收新知識與新技術，才能與時俱進	每一份工作都在為創業之路扎根（P139）
❾個人本領有限時，更要授權	尊重是做生意的根本（P46）

❿把自己變成組織中進步的動力	走動式管理，掌握營運細節（P86）
（三）君子企業家	
⓫「誠信」是做人，「品質」是做事的基本準則	堅持高品質，才能把別人的錢搬到你的口袋（P47）
⓬有問題，自己不行，就找專家	全然信任律師的專業（P249）
⓭自己失去工作熱情，就要急流湧退	因健康退居二線，交棒經理人（P154）
⓮人做對，業績就容易好	策略精準，成為半導體成長最快速的公司（P39）
⓯賺錢要「爭先」，分享不能「落後」	不計公司盈虧，持續深耕台灣科學教育二十餘年（P255）
（四）經營原則	
⓰決定要做的事，就立刻啟動	電腦化加上數位轉型，成就科技台灣（P71）
⓱沒有效率，會白忙一場	超前部署，三十三年前即展開數據探勘（P65）
⓲擁有「開放」心態，才能找到人才	只問問題，不給答案，重邏輯思考力（P91）
⓳創造機會比抓住每一個細節更關鍵	靠策略找錢，創造雙贏（P34）
⓴「興利」比「防弊」更迫切	做全世界沒有人做的東西（P217）
（五）策略思考	

㉑必須要做的事，要不斷想辦法做得更好	鼓勵找出更好的工作方法（P221）
㉒「熟」能生「銹」，「改」能生「巧」	什麼都做，什麼都做不成（P161）
㉓出主意容易，做到才算數	單槍匹馬，力促政府通過台灣第三類股上市（P72）
㉔品質「好」比「低」價格重要，「增營收」比「控成本」重要	超級業務員，只做平等生意（P95）
㉕做企業成功最重要的事，不做自己喜歡的事	力拚NAND全球第一（P279）

古今中外有數不盡的勉勵格言。七年前以自己有限的觀察與閱讀中，整理出二十五項「自律」，供創業者及企業家，做他們自己的選擇、定位、目標及實踐。（參閱拙著《翻轉白吃的午餐》第一八七至一九一頁，二〇一七，天下文化）

現在稍做調整，分成五類，來與吳敏求一生的歷練做一對照。湊巧的是我當年對企業提出的這二十五項「自我要求」，幾乎可與本書中的二十五章及分成五類相互呼應。這對讀者會是一個有趣的（甚至具挑戰性的）練習，把書中對旺宏董事長的思維與實際作為做一個對比，就如前頁附表所呈現。

若說台灣今日科技發展有成，吳敏求三十三年前帶領四十位矽谷工程師回台創業的膽識，與他三十年來的成就與貢獻，是一個耀眼的紀錄，值得出書傳播。

護國之道·自主之路

這位五十年前成大與史丹佛大學的畢業生，到今天一生獲獎豐碩。從台中一中及成大當選傑出校友獎，到清大、成大、交大三個著名學府的名譽博士，及國內外重要專業組織，如工研院及中華民國科技管理學會贈與院士。媒體中，二十年前美國《商業週刊》評選他為「亞洲之星」。去年，《哈佛商業評論》（繁體中文版）贈「數位轉型領袖獎」。今年四月獲「總統創新獎」個人獎。旺宏更是遠在二十年前，就慷慨捐贈給清華，近年更大手筆捐贈成大，除創建新中心，更設置跨域人才培育的智慧運算學院。

半世紀以來，所有這些國內外榮耀都在肯定旺宏創業的初心，終於獲得了國際半導體產業的領導地位。

台灣的年輕一代要記住吳敏求一生的縮影：出生於大陸，成長於台灣，歷練於美國，再創業於台灣。要學會他自己奮發圖強，產品創新領先世界的抱負。我想這會是生於家國憂患之中的吳敏求最大的期望。

面對當前詭譎多變的地緣政治，台灣的未來要不受人擺布，就必須要靠自己的科技實力。這是護國之道，更是自主之路。

二〇二二年五月號《遠見》雜誌

51 周俊吉

堅持以「信義」為己任的企業家

在一次企業家的聚會中，我提出「五個」「非不可」：

《還可以更努力》，周俊吉著，二〇一六年四月二十八日，天下文化出版

《信義學》，陳建豪著，二〇二一年十一月十日，天下文化出版

(1)企業非賺錢不可。
(2)賺錢非成長不可。
(3)成長非創新不可。
(4)創新非人才不可。
(5)人才非品格不可。

我注意到他們的當場反應：有些人淡然，有些人激動。淡然的需要鼓舞，激動的需要立即行動。這段話的重點是：公司要營利，企業負責人一定要正派經營。這篇短文就以「信義房屋」為例來引申這個看法。

十餘年前有一天周俊吉先生在人文空間和我小敘。他細述了年輕時來台北的求學過程，在文化大學遇到恩師以及後來辛苦的創業。

從一九八一年創業，堅持從「信義」出發，連續八年虧損後，轉虧為盈，開創了台灣房屋仲介市場的新時代。

三十五年來（一九八一～二〇一六），他創設的「信義房屋」，已是台灣房仲業的標竿企業。在今年四月號的《哈佛商業評論》公布的「台灣CEO 50強」

中，房屋仲介業的董事長周俊吉名列其中，眞是令人驚喜的莫大成就。

周董事長對於人才、企業社會責任及文化的重視，不是在「提倡」，而是在以身作則的「實踐」，眞是企業界罕見「說到更做到」的佳例。如今有一本名為《還可以更努力》的新著問世，細述他的理念，值得再三細讀。

人才，是企業的根本

以人才為事業首要的周董事長，常以詹姆·柯林斯（Jim Collins）在《基業長青》及《從A到A+》為例，舉出成功企業的關鍵，是先找到好的人才，再來規劃企業的未來目標。他在書中分享了他精心思慮後，培養人才的方法：

(1)給年輕人機會，多充實自己。

(2)專業訓練：自我超越，充實外語能力。

(3)管理訓練：首重大格局，唯有從大我的角度來思考。

(4)提倡閱讀，建立系統性的思考能力。閱讀指的是書籍閱讀，非一般手機、網路資訊的閱讀。

(5)堅持為社會服務的核心價值，信義在心。

(6)以永不止息的開創力，挑戰未來。

(7)正信正念的力量，創造快樂與幸福的企業文化。

（三）企業經營理念與責任

「企業社會倫理」是二十一世紀資本主義發展的新核心理念，唯有做這樣的大調整，才能適者生存。

安隆案的殷鑑不遠，又接著發生二〇〇七～二〇〇八的全球金融海嘯，企業之貪婪，變成了全民公敵。當企業以追求獲利為唯一的目標，即失去了社會對它們的信任。

書中提到：「金管會已在二〇一四年九月宣布食品、金融、化工，及資本額逾百億元等四大類上市櫃公司，自二〇一四年起需強制編製並公布『企業社會責任報告書』（CSR Report）。目前總計有三百四十家上市櫃公司需撰寫CSR Report。信義房屋自二〇〇九年開始自願公布。這是台灣企業與國際趨勢正式接軌的劃時代紀錄！」

《遠見》從二〇〇五年開始提倡企業社會責任（CSR）以來，已經十二年。帶動台灣企業走向永續與國際化的新規格。「信義房屋」屢獲優良評鑑。尤以「社區一家贊助計畫」，從弱勢扶助到文化深耕，影響深遠。

周董事長化思索為行動，以「永續」、「創造性分配」、「把餅做大」等概念，落實企業社會責任。台灣近數十年高科技發展有，難得有此人文氣息的本土企業，持續不斷為這塊土地培養人才，創造機會。

二〇一六年五月十一日發表於《人間福報》

52 馬玉山

誠信是冠德建築的基石

《築冠以德》，馬玉山著，二〇一五年七月十七日，天下文化出版

人生三部曲：童年、軍旅、商界

如果讀者在想：誰是馬玉山先生？看了《築冠以德——馬玉山的奮鬥故事》這本書（天下文化，二〇一五），你就會發現：自己真有些孤陋寡聞，民間有這樣傑出的典範，怎麼沒有留心？

這是一本精采感人的傳記。讀完這本書，最大的收穫應該是：「誠信」眞的是人生最好的座右銘。他一生以「誠信」貫穿他的為人、處世、立家、交友，以及拓展事業。他克服了艱苦的童年，經歷過嚴格的軍旅生涯，接受了轉業與創業的奮鬥。他早已從營建業的「模範生」，變成「標竿企業」，進而成為備受尊敬的企業領袖。

馬玉山一九三六年出生於山東平度，就立刻被抗日戰爭家破人散的戰亂吞噬。他十四歲隻身隨軍隊來台，再也沒見過家鄉親人。他引用《大江大海》的一句話：「上了船，就是一生。」我要痛苦地補上一句：「打了仗，就是永別。」因此在今年五月十日總統府前廣場上慶祝母親節與佛誕節時，面對多位在場的政治領袖，我突然講出：「送給母親最好的禮物就是和平。」我欣賞美國的民主開放，但不能原諒它參與越南、阿富汗、伊拉克等地的戰爭，所帶來的家破人亡。

一九五三年，馬玉山十七歲進入陸軍官校，立志要做「將軍」。他在官校成績優異名列前茅，受到長官器重；並且遴選赴美砲兵飛彈學校受訓。隨著長官轉調台北市警務處處長，帶他去擔任機要助理，後來發現，這是公務員，不是軍職，一九六四年從軍中退伍，就這樣竟然錯失了「將軍夢」。因緣際會進入商界，服務於嘉新水泥，學習到前所不熟悉的經營才能。

以誠信創設事業

一九七九年，馬玉山四十三歲，正是猛虎出柙、獨創事業的成熟時刻。戰亂中他學到了「求生」，逃難中他學到了「磨練」，軍旅中他學到了「紀律」與「使命」，他更從企業界學到了「經營」與「創業」，更在一九六六年結婚娶得一位美麗與賢淑的台灣姑娘。

三十五年前，他以一百萬台幣創辦了「冠德實業」，這是他個人與社會雙贏的開始。先做建材，後做建築，再進而建設，一幢又一幢的冠德大廈及搶購潮出現。他一路走來，「誠信」是他個人的原則，也是冠德的商標。

在當前台灣政商大環境中，講誠信者太少。為了權利與財富，誠與信兩者皆可拋；這真是個人的悲劇。年輕的創業者不要只看到別人的事業版圖，忽略了最核心的決策思維：誠信。傳主「誠信」的大小例子散見在本書。

我的一位親戚二十多年前在木柵買了冠德大廈中的一戶，到今天還稱讚它們的「永久售後服務」。另有二位朋友住進有圖書館的冠德大廈說，他們孩子最喜歡的地方，就是樓下有幾千冊藏書的寬敞亮麗的圖書館。一個動人的故事，就是一位因喜愛圖書館的高中生（洪瑀）而能去MIT深造，因為品學兼優，MIT把一顆行星以她為名（參閱《星星女孩遇見MIT》）。冠德玉山教育基金會近年大力推廣閱讀及文化活動，已有可觀的成績。

「冠德」三十餘年來能夠在良莠不齊的營建業中建立擁有千人以上的公司，大家稱道的聲譽，當然得來不易。這完全要歸功於創辦人對顧客滿意及品質要求的高標準執行。在節省成本與堅持承諾的天秤上，馬玉山永遠只有「誠信」這個選項。

二〇一五年八月四日發表於《人間福報》

53 張孝威

「直說」難，「直做」更難

《縱有風雨更有晴》，張孝威著，二〇一八年二月七日，天下文化出版

獨立獨行，追求成就感

年輕一代普遍地把太多時間花在滑手機上，把太少時間放在安靜地閱讀上。因此，胡適之、傅斯年、蔣夢麟……都變成了陌生人。對台灣經濟發展的功臣：嚴家淦、尹仲容、孫運璿、李國鼎、趙耀東等，也幾乎是一無所知。

這本書的作者張孝威，近四十年來在台灣的金融、高科技、電信及電視媒體等領域屢戰屢勝，屢勝屢戰；他已獲得超過十項以上國內外評比的專業大獎。

他在專業圈內赫赫有名，但是由於不愛出名的個性，一般人對他或有「隔行如隔山」的模糊；這就是我多年來一直擔心在多元社會中，仍有功能性文盲的存在。這些資訊的隔閡，阻礙了典範在社會的轉移，極為可惜。

傳播進步觀念的天下文化，就是要推介社會各界的傑出人物，做為年輕一代的表率。我相信「學習救自己」，讀到了這些活生生的典範，就容易激發不僅年輕人力爭上游的熱情，也能鼓舞中年人選擇轉換跑道的勇氣。

這是本作者親身經歷的精品回憶錄。在這充滿偽善虛矯、政商關係、民粹當道的職場與官場，張孝威能獨立獨行、不懼權貴、不放棄原則、不趨炎附勢，在每一個主管財務的敏感職位上，能正直地說，更能正直地做，真是鳳毛麟角。

在我們出版重要人物的回憶錄或自傳前，我都誠懇地告訴傳主：天下文化萬千讀者要分享的，是你寶貴的工作「經驗」，不是「財富」的累積與「權勢」的炫耀。

張孝威四十年的職場生涯中，每次重要職稱的轉換，不論是總經理、財務長、董事長……，都為這一任，也為下一任的機構創下了輝煌的成績。他轉換跑道的最大動力是：持續地追求卓越，完成別人難以完成的挑戰，獲得自我設定高標竿的成就感。

「輕輕的我走了，正如我輕輕的來；……我揮一揮衣袖，不帶走一片雲彩。」一九二八年秋，徐志摩的《再別康橋》，居然也可貼切地描述張孝威每次離職的心情。

「六大自律」的分享

作者在一九七七年（二十六歲），於美國賓州華頓商學院獲得企管碩士後，曾在加州廣州銀行短期任職，自一九七九年（二十八歲）起，展開了在台灣的專業生涯。

- 三十八歲帶領大華證券成為各大企業爭相合作的第一名券商。
- 四十七歲接任台積電財務長，為台積電成功募得十一億美元外資，奠定半導體龍頭地位。
- 五十二歲掌舵台灣大哥大，讓公司市值翻倍，成為台灣備受尊重的企業。
- 六十一歲接任TVBS董事長，為台灣複雜的媒體生態，做出「公正、創新」的貢獻。

讀者要問：張孝威是以什麼樣的專業、價值、擔當及人生態度，從一步一腳印，走上一換一產業？

這位好學深思的作者，細心地歸納出他的「六大自律」：

(1)一個人要擁有二種實力：專業是硬實力，誠信是軟實力。

(2)得失之間，不可得意忘形，也不需怨天尤人。要及早領悟出「面子」不是那麼重要。

(3)職場上換跑道很正常。切忌眷戀過去的舞台，不能下戲。把過去的結緣看成助力。

(4)不能為保全職位，放棄篤信的價值觀或職業道德。

(5)領導要兼有「威信」與「有容乃大」。一則是相信自己，一則是借重別人。

(6)不愛出鋒頭，也不好面子。對原則的事，不輕易讓步；提醒自己：嫉惡如仇的潔癖會帶來麻煩。

是他家學淵源的家教、篤信基督的宗教，以及要求自己樹立的身教，領悟出這六項人生法則。

台積電財務長五年

在張孝威擔任財務及經營的重要職務上，都充滿了各種挑戰及自我期許。讀者最有興趣的大概是落在第七章——〈重出江湖：再披戰袍，接下台積電財務長〉的那五年（一九九八～二〇〇三）及台灣大哥大的七年（二〇〇三～二〇一〇）。

業界不免好奇：一位強勢領導的張董事長與一位獨立判斷鮮明的張財務長，會擦出什麼樣的火花？他的好友——也是台積電的主將——蔡力行告訴他：「去台積電，最大的風險，是你能不能和董事長相處。相處好，什麼都不是問題；至於待遇的部分，你一定會滿意的。」書中說出他已有心理準備：「我學著在心中多一點謙卑，遇事放下自己的觀點，……當我學會如何用老闆的邏輯想事情，再加上我的專業知識，即使看法有出入，我們的溝通也順暢無阻。」五年的相處，證明一加一大於二，創造了台積電飛躍成長。作者歸結：「我們之間的互動良好，讓我感覺受到尊重。」最後向老闆當面請辭時，「他並沒有生氣，而是用最和善的態度了解情況，同時挽留我，希望我再考慮。」這真是英雄惜英雄的場景。

張忠謀對他擔任了五年多的財務長有極高的評價：「張孝威是很成功的金融人與科技人。」對本書也提出了感性的推薦：「張孝威成長及成熟的時代，也是台灣金融業和科技業快速成長而趨成熟的時代。這裡面有許多內幕故事，讀者可以在這本書裡，一窺當時的內幕。」

台灣大哥大的傲人成就

天下沒有不散的筵席，二〇〇三年八月台灣大哥大正等待這位新領導人來扭轉乾坤。果然七年後（二〇一〇年底）離職時繳出了一張值得驕傲的成績單：接任時股價二十四元，離職時股價六十四元；公司總市值也由當時一千二百億大幅增到二千四百億；在非財務指標上，台灣大哥大在這些年間獲得了十六項以上的獎項，被評為「標竿企業」、「社會責任企業」、「最受尊崇企業」等。

原以為已打完「將軍最後一仗」的張孝威，又受到宏達電王雪紅董事長的誠意邀請，於二〇一二年五月重披戰袍，出任TVBS董事長。他的回憶錄就暫時停在那裡。

讓我們熱切期待，張孝威如何喚醒TVBS這頭「沉睡中的獅子」，以及克服數位匯流帶來的衝擊。這又將是另一段光輝的故事。

二〇一八年三月號《遠見》雜誌

54 瓊瑤

生之愛情．死之尊嚴

《雪花飄落之前》，瓊瑤著，二〇一七年八月一日，天下文化出版

四十年前初見瓊瑤

一九七七年暑假在台北，沈君山教授約了我去瓊瑤家喝下午茶。君山既有物理學家的學問，也有才子的瀟灑；學術界、政壇、文創圈都有他很多好友與仰慕者。在雅致的客廳中，初見瓊瑤，「美麗、優雅、飄逸」（後面四個字是平先生第一次見面時對她的形容）。歉然地告訴女主人：「一直沒機會讀過妳的小說，看過妳的電影；等退休後要細讀妳這麼多的作品。」

人生常會有驚喜。第二次見到瓊瑤竟然是四十年後的六月下旬，在我們松江路巷子中的「人文空間」。這個書與咖啡的空間，出現過很多朋友。我與王力行及幾位同事熱切地等待很少露面的瓊瑤來訪。

這次見面，我做好了功課。週末迫不及待地讀完了她剛剛完成的新著。《雪花飄落之前》，即將由天下文化於八月出版。這部作品，不再是小說，而是融入了「生死」、「愛」及「新觀念」。瓊瑤從丈夫插管痛苦的貼身觀察、推己及人的博愛之心、細心鋪陳的節奏，在淚水及激動中完成了「一生中最特別的書」。全書情感的敘述，令人感動；理性的討論，令人信服。

比我小幾歲的她，我們一起走過中日抗戰及撤退來台的艱苦歲月。大時代中兩個人走了不同的路，她選擇寫作與影視，我則修習經濟發展；卻沒想到此刻在「新觀念」的提倡上交會。瓊瑤寫著：「青春已逝，個性中那股燃燒的特質依然故在！」如果她也學經濟，那麼在我奮鬥傳播進步觀念的戰場上就多了一位夥伴。

瓊瑤以刻骨銘心照顧丈夫病情的經歷，提出「善終權」的新觀念。在新書的尾聲中，以堅定的語氣告訴讀者：「第一個提出『新觀念』的人，都是抱著犧牲精神的人。」這種認知，深獲我心。

對「生死」的看法

瓊瑤對生與死有很瀟灑的看法：「生時願如火花，燃燒到生命最後一刻。死時願如雪花，飄然落地，化為塵土。」

作者瓊瑤與出版者平鑫濤曾經歷過「你追我逃」的折磨，十六年的等待後終於結婚。瓊瑤是一位空前的暢銷作家，平先生是一位有創意的、專注的出版家與製作人，對讀者及市場有敏銳的判斷力。「二者」的結合昇華為牢不可破的「命運共同體」。雖然婚姻裡有「戰爭與妥協」，但大多數時刻是快樂與幸福相隨。她常以「五十年如一日，他對我的用情只會愈來愈深」，描述他們的相處。

此刻，病中的老公，「一步步離我遠去，用遺忘我的方式離我遠去……」「這本書不是年輕人轟轟烈烈的戀愛……是一對恩愛的老夫老妻，如何面對『老年』『失智』『插管』『死亡』的態度，是我生命中『不可承受之重』！」

傳播「善終權」

二十八年前（一九八九年），天下文化出版了我的一本書：《追求活的尊嚴》。自序中的最後幾句話是：「有品質的生活、有保障的生活、有選擇的生活，才是活得有尊嚴的生活。」瓊瑤這本書，使我驚覺到，最後一句話不夠周延，應當要包括「善終權」，那就是「死得有尊嚴的生活」。

一生被認為是最受歡迎、最會寫青春愛情的作家瓊瑤，竟然此刻變成了走完人生最後一哩的「新觀念」的提倡者。摘引她用情至深的話：「……一字字用血淚寫出的『真實』，能提醒醫療界，重視『加工活著』這件事！重視患者的『善終權』！」

瓊瑤的小說、電影、電視劇，使海內外成千上萬的讀者與觀眾著迷！這就是來自瓊瑤半世紀以來，跨越時空所擁有的故事魅力、文字魅力以及內心深處蘊藏的愛的魅力。

如果「善終權」的提出，能像她的小說那樣橫掃千軍，推廣實現，那麼社會也許會出現美滿的人生：生之愛情與死之尊嚴。

二〇一七年八月號《遠見》雜誌

55 黃年

台灣大選定錨中華民國——新著解析核心爭議

《總統的脊梁》，黃年著，二〇二三年八月十八日，天下文化出版

黃年又出版了新著

四十八年前，熱血青年黃年從政大新聞系畢業，在政大政治研究所讀書時，即投身媒體工作。用「資深」已不足形容他的付出與貢獻；他是一輩子的媒體人與評論家。尤以他在《聯合報》擔任二十一年（一九九二～二〇一三年）總主筆，是台灣報紙媒體界的一枝社論鐵筆。我自己教了多年書，影響限於教室；他的社論影響了台灣社會的幾代人。

適逢其會地經歷過退出聯合國、中（台）美斷交等一九八〇年代的大事件，第一線的黃年，在時勢造英雄下，充分發揮了新聞感與判斷力。

在兩岸關係驚濤駭浪的變化中，常在重要時刻創造出貼切傳神的「名詞」，從「筷子理論」（一九九〇）、「上位概念的一個中國」（一九九三）、「統一公投」（一九九八），到二〇一〇年後的「渡河論」、「目的論與過程論」、「杯子論」，最終而成兩岸的「大屋頂理論」，為台灣及大陸各黨，提出兩岸解方。

兩岸政治人物與專家學者對此有贊成的，亦有反對的；但無不佩服黃年思慮的博大精深。這一位「星雲真善美新聞獎」第一屆評論獎得主，實至名歸。

二〇一六年川普當選美國總統之後，一反過去對中國經貿與科技的雙贏與合作，轉為封殺與對抗，獨斷地重畫後冷戰時代的新地緣政治圖像，首當其衝的就是中美經貿與軍事對抗，陷兩岸關係於空前的僵局，一直延伸到今天。

我們切莫忘記「外交才子」錢復多年前就提出的「兩岸政策是外交政策的上位政策」，先有穩定的兩岸政策，才能有兩岸的和平與繁榮。近年來對台友好的幾位國際著名評論家，也分別告訴台灣讀者類似看法，引述三位的建言：

(1)哈佛傅高義教授去世前一月（二〇二〇年十月）在遠見高峰會視訊中告訴聽眾：「**兩岸難題不會給下一代解決；台灣的總統要非常小心**。」

(2)《紐約時報》專欄作家佛里曼（Thomas Friedman）：「**台灣不要輕信華府政客的甜言蜜語**。」「**台灣繼續發展經濟，遠離政治，就能常保安康**。」

(3)前AIT主席卜睿哲：「**台灣沒有太多犯錯的空間**。」「**美中若衝突，台灣絕不會受益**。」「**一個分裂的台灣社會，將使自身的國際處境更加脆弱**。」

——參閱《20位國際大師遠見連線》（二〇二三年六月，天下文化）

兩岸領導人共同挑戰

二〇二四年這次的總統大選，是台灣「和平vs.戰爭」的關鍵時刻。面對近年來美中台三邊緊張的關係，我不斷大聲呼籲：和平是唯一的選項。

此刻正是細讀黃年這本新著的最佳時機，特別是兩岸領導人。天下文化先後出版了四本他的相關著作：

(1)《大屋頂下的中國》，二〇一三年二月。
(2)《蔡英文繞不繞得過中華民國》，二〇一五年七月。
(3)《韓國瑜vs.蔡英文：總統大選與兩岸變局》，二〇一九年七月。
(4)《希望習近平看到此書：化解兩岸困局》，二〇二一年十月。

台灣近年已陷入「人在禍中不知禍」的危機漩渦；在兩岸論述僵硬、貧乏又混亂的年代；在百家缺少爭鳴的年代；黃年從不缺席，從不遲疑。這本書是當前總統大選情勢混沌中，選民投票時的一個方向盤。大家再忙也要先看兩萬字的序：〈定錨中華民國：台美中應以「中華民國」相互攤牌〉，摘引六個要點：

•兩岸問題的終局解方，應當朝向：「為人類文明建立典範，為兩岸人民創造救贖。」

•在現今階段，兩岸應當淡化「統一／台獨」的目的論，移向「和平發展」的過程論。

•過程論的基本理論是：「定錨中華民國／共構和平競合。」

•中共反對台獨，台灣主張「一中各表」。這就是定錨。

•兩岸相互守住底線。你不武統，我不台獨。

•天佑大屋頂中華，天佑大屋頂中國。

天下文化出書的用心

一個時代的歷史，是由一些革命家、思想家、政治人物及追隨者與反對者，以血、淚、汗所共同塑造的。以傳播進步觀念為己任的「天下文化」，自一九八二年以來，先後出版了實際參與改變中國命運與台灣發展重要人士的相關著作。

這些人士都是廣義的英雄，他們或有英雄的志業、或有英雄的功績、或有英雄的失落。在發表的文集、傳記、回憶錄中，這些黨國元老、軍事將領、政治人物、企業家、專家學者，以歷史的見證，細述他們的經歷軌跡與成敗得失。

就他們所撰述的，我們尊重；如果因此引起的爭論，我們同樣尊重。我們的態度是：以專業水準出版他們的著述，不以自己的價值判斷來評論對錯。

在翻騰的歷史長河中，蓋棺也已無法論定，誰也難以掌握最後的真理。我們所希望的是，每一位人物寫下他們的經歷、觀察，甚至後見之明。他們的貢獻，是為歷史留下紀錄；他們的挑戰，是為未來接受檢驗。

二〇二三年九月號《遠見》雜誌

56 邱冠明

亞東醫院是健康與生命的守護者

《疫無反顧》，邱莉燕等著，
二〇二一年八月三十一日，
天下文化出版

比爾．蓋茲的警告

早在二〇一五年，具有人道主義的世界巨富比爾．蓋茲就提出警告：「如果在未來數十年有任何東西能殺死一千多萬人，極可能是具高度傳染性的病毒，而非一場戰爭。」他斷言：「今天全球最大的災難風險不是核彈，而是流感病毒。」

面對災難的挑戰，人類的共同命運，是在「同一個地球上」、是在「同一條船上」，當前嚴峻的疫情，更像是「同在一口井裡」。

當新冠病毒在全球蔓延時，大家對性命的恐懼，遠勝過核彈的威脅。原來口罩遠比核彈更能保全性命。強國領袖決策的盲點是：花幾千億要摧毀遠方的敵人，忘記花一些錢來照顧身邊老百姓的性命。

亞東醫院的逆轉勝

各國經過一年多疫情的教訓與經驗，大家學到：人類的生命要化險為夷，繫於正確的政策，嚴格的執行力，及正確的心態。

台灣的亞東醫院提供了一個對付 COVID-19 病毒：「失守與逆轉勝」的個案。那是一段驚心動魄、值得分享的歷程。

亞東醫院是新北市唯一的醫學中心的教學醫院，去年疫情初始時，就全力投入抗疫作戰：包括持續防疫的警覺，啟動重症部的部署，盤點醫護人力、病床及氧氣設備量能等。五月中旬，本土疫情暴發，亞東醫院在雙北宣布三級警戒之前，五月十四日發現一位住院病人確診，後來也有護理人員確診，對堅守醫護「零感染」的亞東醫院，不啻重大打擊。

危機真就是轉機。歷經多年對新興傳染病的預防與治療演練，及疫情以來從未鬆懈的整備，亞東醫院迅速啟動醫護支援人力調度、收治確診重症調床、院內感染清零計畫。在解決院內感染之際，更積極投入全台抗疫醫療，在五月中花了十三天時間，專責加護病房就從十床增加到五十八床，後來更收治全國十一%的重症患者。在這波疫情當中，一度因院內感染事件而失去部分戰力，但亞東迅速應變，調整步伐，透過各科人力調度、教育訓練及優化資訊系統，以及嚴格執行有效率的作業流程，克服重重挑戰。

亞東醫院的防疫思維與作為，化危為安的實戰紀錄，主要是有這位才思敏捷、使命感與執行力強的關鍵人物邱冠明醫師，不到四十歲時，他已是極負盛名的心臟外科主任。四十二歲就升任醫療副院長，此刻剛被任命為第七任院長，接替退休的林芳郁院長。在這位抗疫大將帶領下，必能持續率領士氣旺盛，聲譽日隆的亞東醫院向前邁進。

分享專業與人性的光輝

《疫無反顧：亞東醫院做對的事》是在分享：

• 亞東醫院的志業，是在提升全民健康。
• 亞東醫院的執行力，是在守護全民免於病痛的焦慮。
• 亞東是企業創辦的醫院，是在善盡社會責任。

亞東醫院今年剛滿四十年，具有三千六百餘位醫護及雇員，一千一百餘張病床，早已是台灣一流的、受人稱讚的教學醫院。我們出自內心的要向亞東醫院全體工作人員說：大家正在分享您們專業的貢獻與人性的光輝。

一九七〇年代中期，我回台短期教學，認識了遠東企業創辦人徐有庠先生，一位謙和、有理想、有使命感的企業家。一九八一年他創辦了亞東醫院（及稍後的元智大學），帶給了台灣社會重要的貢獻，引發我們對他無限的懷念。

二〇二一年八月三十一日發表於《疫無反顧》

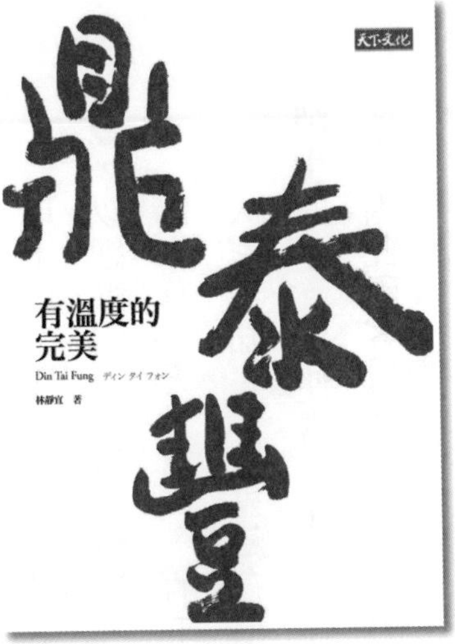

《鼎泰豐，有溫度的完美》，林靜宜著，二〇一四年七月三十日，天下文化出版

57 楊紀華的鼎泰豐世界

在高峰之巔，攀登更高峰

嚮往當「師傅」

十四年前寫過一篇短文：〈行行出狀元──鼎泰豐引人入勝的故事〉，十四年後我再寫續篇：〈在高峰之巔，攀登更高峰──楊紀華的鼎泰豐世界〉。

好像沒有人稱過鼎泰豐的創業人楊秉彝父子為「楊師傅」。就讓我把這個「師傅」的尊稱送給第二代的掌門人楊紀華。我一生當過老師，很嚮往做「師傅」。這麼多年來受過他磨練教導的徒弟們，一定很高興他們的老闆，在這篇序裡出現了一個這麼親切而又貼切的稱呼。

瑞士以一代代專業的「工匠」精神，打造了舉世聞名的鐘錶；台灣的鼎泰豐，以細緻的「手藝」精神，打造了小籠包世界。

瑞士有「天下第一」的手錶；台灣有「天下第一」的小籠包。

大家熟知：「魔鬼藏在瑣碎細節裡」，鼎泰豐沒有抓不到的魔鬼；大家比較陌生的是：天使常躲在「堅持原則」的背後，鼎泰豐對原則的堅持，做到了極致，因此顧客看到了天使般的品質與微笑，那是楊師傅對經營原則的堅持。

當此刻大家在熱烈討論大學生就業薪水過低時，這位五專畢業生，是靠自己日日夜夜地工作，時時刻刻進出廚房的親自體驗中所產生的「堅持」。如果與西方管理理論相近，他會謙虛地說：那是純屬巧合。他今天在專業上的成就是世界級的，遠遠超過了太多會念書的學生，太多有高學位的專才。

楊師傅的「經營八則」

從王一芝的《鼎泰豐，你學不會》到本書作者林靜宜的深入採訪，以及自己多年來既是朋友，又是顧客的觀察，可以歸納出楊師傅堅持的「經營八則」：

(1)永不休止的進步來滿足顧客。

(2)全力以赴地做到品質第一。

(3)品牌和商譽要永遠更上層樓。

(4)三心：單純之心，把店開好；專注之心，抓住細節；分享之心，與員工同甘苦。

(5)三好：品質要好、對客人要好、對員工要好。
(6)三不急：擴店不急、利潤不急、文宣不急。
(7)「花若芳芬，蜂蝶自來」，東西好，顧客來。
(8)「誠信」是家訓、是商道、是守則。

從鼎泰豐的經營成就看來，東方文化中做人做事的道理，要比西方求快求變的經營策略，更能持久。

當目前美國高科技公司仍然傲視世界時，在台灣這個島上，我們有一項祕密武器可以對抗——那不是新竹園區，而是在台北信義路上，以小籠包聞名中外的鼎泰豐。

大學者的讚不絕口

六月上旬《遠見》雜誌邀請了當今最熱門題目「大數據」的學者麥爾荀伯格來台訪問。他小時在奧地利的鄉村長大，十八歲到哈佛讀書，稍後在哈佛教了十年書，又轉往牛津任教。對他來說，來台北演講最大的「報酬」，是天天可以吃到道道地地的鼎泰豐小籠包。

離開台北那天中午我在「人文空間」送行，他意外地發現為他準備了二籠鼎泰豐小籠包。他一「吃」而盡，告別前他興奮地留了三句話要我們讀者記住：永遠保持好奇心，永遠大智若愚，永遠大膽行事（親筆簽字見七月號《30》雜誌，頁二四～二五）。回到牛津後，他立刻又趕寫了一篇推薦鼎泰豐的序（參閱《鼎泰豐，有溫度的完美》，頁一〇），這真是不可思議的意外回報。這位大學者對台灣最著迷的，不是最美麗的風景（人），竟是鼎泰豐的小籠包。

仔細讀他這三句贈言，也完全脗合楊師傅的經營原則：以好奇之心不斷精益求精；以謙卑之心再上層樓；以果斷之心堅守原則。

在當前飲食文化風靡全球之際，台北的鼎泰豐在顧客心目中，品質上是全球「第一」；經營法則上更是全球「唯一」。

這樣的榮耀是屬於楊紀華及他一千五百多位員工；也屬於在台灣耐心排隊，光顧九家鼎泰豐的五百五十萬的忠誠顧客。

最後要謝謝靜宜奔波海內外的採訪，觀察記錄每個細節，寫下了一本人人會愛讀的好書。海內外鼎泰豐的員工，也許會自信地說：「這本書你們可以看得懂，但是學不會，因為你們沒有我們的楊師傅。」

二〇一四年七月三十日發表於《鼎泰豐，有溫度的完美》

58 張純如

被遺忘的南京大屠殺

《被遺忘的大屠殺》，張純如著，二〇二三年十二月十三日，天下文化出版

享譽國際及中文世界的華裔作家張純如（Iris Chang）不幸於二〇〇四年十一月九日被發現在加州舉槍自盡。在三十六歲短暫而耀眼的生命中，她已出版了

三本影響深遠的書。每一本書都有震撼性與啟發性。每一本書都引起了國際媒體重視。自一九九八年參加了美國「百人會」後，她又投入心力，關注種族平等與社會正義等議題。

我曾為天下文化出版的《中國飛彈之父》與《被遺忘的大屠殺》分別寫過導讀，重讀寫過的這些話，格外懷念這位才氣橫溢而又正氣凜然的作家。

今年是哀悼「南京大屠殺」七十週年，美國好來塢獨立製片公司ThinkFilm根據此事件的中國生還者及當年參與的日本士兵口述，拍成記錄片。

時至今日，日本人對此事件仍採取不願承認的態度；然而早在十年前，透過本書作者張純如的筆，已將這一人類史上最慘絕的事件披露在西方世界面前。

七十年後的今天，透過美國導演古登塔（Bill Guttentag）與史特曼（Dan Sturman）的影片，真相不容掩飾。

在全球化中，台灣人民已無時間更無退路，只有理性選擇認清歷史。這種理性選擇的前提是：仇恨要遺忘、教訓要記取，政黨與人民要共同爭氣。

二〇〇七年十一月九日發表於《被遺忘的南京大屠殺》

59 佛里曼論美國重建輝煌之路

新書的論點與我的觀察

……我們不必模仿中國，而中國的命運無論如何發展，都不能決定我們的命運。……今天我們需要研讀的歷史，

《我們曾經輝煌》（*That Used To Be Us*），湯馬斯・佛里曼（Thomas L. Friedman）、邁可・曼德鮑（Michael Mandelbaum）著，二〇一二年一月十八日，天下文化出版

是我們自己的歷史，而我們需要重新發現的國家，就是美國。

佛里曼與曼德鮑（Michael Mandelbaum）在美國國力衰退的關鍵時刻，合著了一本兼具歷史性及開創性的著作。十年前難以想像這二位著名的評論家與學者會以懷念式的標題「我們曾經輝煌」做為書名。他們或許也可以取另一個現代感的書名：「我們正在衰落」。依照二位作者的性格與思路，這本書當然不會是悲觀「懷舊」，一定是積極提出「改變」。真如英國《金融時報》的評論指出：「這本書提供了一個美國復興的藍圖。」

對於美國的盛衰，不只是美國人關心。做為一個曾在美國讀書、教書及生活近半世紀的中國人，我也樂意提出一些看法。因此這篇「導讀」包括二部分：記述二位作者的論點，同時也提出我自己的觀察。必須先承認的是：我對美國情有獨鍾。它是一個偉大、開放、富裕的國家；但半世紀以來，政府權力的傲慢，企業營運的自滿，人民生活的浪費，造成了東方文化中「驕必敗」的嚴重失衡。所幸美國社會從不缺乏有識之士，他們總會及時提出警告與忠言。這篇短文先從

「世界在改變中」說起。

改變中的世界

近十年來，隨處可以感覺到美國經濟的衰落。最近的資料指出：四千九百萬人陷入貧窮，九千七百萬人為低收入，二者占美國總人口四八%。

二十年來的幾件大事，提供了衰落的線索及轉捩點：

一九九一年蘇聯解體，市場經濟終於獨領風騷，美國變成唯一超強，可是絕對的權力開始了相對的衰落。

二〇〇一年九月十一日恐怖份子摧毀了紐約世貿大樓，布希先後發動阿富汗及伊拉克的軍事報復。十年的戰爭，重創美國元氣及國際地位。

二〇〇八年發生全球金融海嘯，華爾街的貪婪使美國經濟自身變成了最大的受害者，資本主義的運作再度面臨危機。

金融風暴後，中國以龐大的外匯及其政府效率，扮演了穩定及刺激全球經濟的角色。在國際舞台上，中國第一次與美國並駕齊驅；但中共領導人在國際場合一再宣稱：「中國不搞霸權，中國本身還有很多難題要解決。」

近年來在美國受到推崇的一位評論家：札卡瑞亞（Fareed Zakaria），他出生於印度，受教育於哈佛。他在《後美國世界》一書中，提出了一個重要觀察：十九世紀英國的衰退是來自經濟力量的衰退；二十世紀美國的衰退是來自政治勢力的衰退；二十一世紀將與美國並起並坐的是來自「其他國家的興起」（The Rise of the Rest），特別是指中國、印度、巴西、俄羅斯、南非等。

一九九二年名噪一時的梭魯（Lester Thurow）教授認為：二十一世紀是由日本、歐盟及美國相互爭霸，這個離譜的預測，再加上他輕視中國的崛起以及對中國經濟的低估，使他的論述飽受批判。

美國要在衰落中再起

當台灣在貧窮落後的年代，美國是我們最要學習的。從台灣看美國，我們充滿了自卑與嚮往。此刻，從美國看中國大陸與四小龍，這本書名：《我們曾經輝煌》，正表達了他們這種焦慮。扉頁就引用歐巴馬二〇一〇年十一月的話：「中國的鐵路系統比我們完備，新加坡的國際機場比我們進步，這根本沒有道理。現在，我們剛聽說了中國擁有全球最快的超級電腦。這樣的成就，原該屬於美國。」

二位作者都享盛名。佛里曼是《紐約時報》外交事務專欄作家，三次獲得普立茲新聞獎，二本近著《世界是平的》與《世界又熱又平又擠》，對台灣讀者有深遠的影響。另一位作者曼德鮑是約翰霍普金斯大學國際外交教授，著作等身。二位是好友，是鄰居，更是共同關心美國未來及外交事務的意見領袖及公共知識份子。

二〇一一年九月這本三百餘頁，十六章的新書在美國問世以來，佳評不斷。二位作者以謙卑與自責的心情向讀者陳述：「今天的美國生病了，無論在經濟或政治上都是如此。我們想藉由這本書解釋美國何以落入今天的境況，以及應該如何脫身。」美國新的一次民調顯示：「有三七％的受訪者相信美國最美好的日子仍在未來，但有四七%的受訪者認為美國最美好的日子已經過去了。」二位作者是要扭轉那悲觀的預測。

面對這種流行說法：「英國霸氣地擁有十九世紀，美國傲慢地主導二十世紀，中國遲早將主宰二十一世紀。」他們充滿了「山雨欲來風滿樓」的警覺。當佛里曼從北京飛回華府，他描述自己的心情，是從二十一世紀的現代機場回到了二十世紀的老舊地鐵，返家馬路也是坑坑洞洞，使他深受打擊。他發現：美國的輝煌已經過去，美國必須要重建。佛里曼的內心有現實面的沮喪，但他的基因中，更有立國精神中澎湃的樂觀主義。因此自稱是「沮喪的樂觀主義者」(frustrated optimist)，他的「沮喪」是表面的，他的「樂觀」則是根深柢固。

「沮喪」來自美國出現了一連串的問題：教育品質、財政赤字、負債、信用擴張、能源與氣候變遷，以及缺乏強勁的整合能力與停擺的政治運作機制。尤其進者，美國也忘記做一個偉大國家應有的長程投資：教育、基礎建設、研究與發展，以及修改法令，吸納有才華的移民等等。他們痛心地承認：過去十年對抗恐怖主義以及縱容減稅，所付的代價造成了今天「已無存糧」。

「樂觀」則來自二位作者深信美國社會仍然擁有龐大無比的無形資產：

勇往直進的精神

多元的意見與才華

富於彈性的經濟

工作道德與追求創新

可以調整的政治和經濟體系

兩位作者指出：要在二十一世紀領先，美國必須好好處理四大挑戰：適應全球化壓力、善用資訊科技革命、減緩國家財政長期赤字、減輕能源消耗與氣候威脅。

美國面臨的挑戰

我要指出：這些挑戰的根源是世界在快速地變化，美國人民在溫室中，太滿意於現狀，太忽視亞洲的進步。因此長期以來，美國政府的自負，企業的自滿，人民的自得，削弱了應對變化的能力及速度。

讓我再指出：當美國的競爭力已不再遙遙領先時，當政治人物與利益團體相互利用時，當媒體擴大散布社會對立時，當政府的支出超過能力時，當美國人民過度消費時，當不斷增加的社會福利影響工作意願時，當年輕一代失去工作認真獨立奮鬥時，這個社會的生命力與凝聚力開始渙散，然後就走下坡；尤其面對新興經濟體的崛起——特別是中國與印度。

二十世紀的二次世界大戰曾是美國國力增強的助力，此後的戰爭變成了阻力。從韓戰、越戰，到阿富汗與伊拉克——似乎出師有名，但逐漸都遭到國內及國際反對，最後變成難以收拾的財政負擔，也使國際聲譽遭受嚴重損害。

美國東山再起的拼圖

我們讀到了書中很多具體的反省與建議，他們特別看重教育的成效與政治體系運作的成敗。書中一再強調美國要提供更好的教育，使年輕人成為「有創意的人」。

除了強調基礎的閱讀、寫作及算術外，還要教導年輕人有「開創性」，增加自己的「附加價值」。書中引用哈佛大學校長桑默斯（Larry Summers）告訴哈佛學生的話：「自己設法『創造』一個工作遠比『找到』一份工作要好。」

佛里曼走遍全世界，「我發現他們都在討論如何給孩子更好的教育，教育是通往美好未來的最重要關鍵。」書中提出：要每一個學生投入兩倍的努力、兩倍的速度、兩倍的次數，以及兩倍的分量。因此年輕人新成功方程式是：家庭作業×2＝美國夢。

穩定的美國卻無法讓政治體系運作順暢，因此作者也提出震撼療法（Shock Therapy）。對於一個國家的強烈刺激可以來自：

(1)外部的敵人。

(2)全球經濟危機。

(3)大自然的災難。

(4)國內的群眾示威。

(5)政治領袖的行動。

二位作者希望能夠靠群眾的要求與政治領袖的反省，改善美國政治僵持；他們甚至提出了「走第三條路」——推出第三黨的總統候選人。但是他們知道：這一個候選人不會勝出；但長期而言，這個候選人可能對美國歷史產生深遠的影響。

做為媒體人的佛里曼對媒體有率直的批評。新聞媒體對現代社會的影響太大：

(1)它強化了黨派之間的對立。

(2)常只要取悅於較小的聽眾，強化他們既有的看法。

(3)他們把新聞當娛樂，政治當運動。

(4)提供大眾爭議性的題材，盡量挑起衝突。

在「錯誤的訊息通常會引起更多注意」時，社會也就難於安靜。美國政治體系的癱瘓，媒體的負面「貢獻」功不可沒。

書中也強調：要讓有才華的新移民進來：作者指出美國最大的實力來自國外

的移民。他們有才華，有熱情，不怕困難，尋求機會。「新移民在矽谷開創了二五%的新公司。」「他們是無論如何都不懂放棄。」

作者呼籲要加強整合能力：我們並不是不知道方法，但因為政黨的堅持，意識型態的對立，媒體誇大渲染彼此的差異，利益團體的作祟，應當做的事常不易推行。

結論

佛里曼在接受《遠見》（二〇一二年元月號）專訪時坦率指出：「我不擔心我們不能做第一名，我只希望我的國家能夠朝著對的方向前進。」這是何等充滿智慧的話！一些美國人——尤其是政府決策者，仍然擁有要主宰全球的雄心。一旦真能從「全球稱霸」的心態中解脫，美國政府或許就會雲淡風輕，美國人民或許就會瀟灑脫自在。

全書最後一章的章名是：「重啟美國光榮」，下面這段話是全書的結論：

「……我們不必模仿中國，而中國的命運無論如何發展，都不能決定我們的命運。……今天我們需要研讀的歷史，是我們自己的歷史，而我們需要重新發現的國家，就是美國。」

這個結論有些抽象，有些哲學思維；十分懷舊，十分自信。「軟實力之父」哈佛奈伊教授認為：「二十一世紀的美國仍會領先群雄。」

讓我謹慎地做個預言：二〇二五年後，有很大的可能，美國逐漸重振了昔日的輝煌，中國也已逐漸遠離「落後」地區塑建成「現代」國家，這個時候就會出現：一個浴火重生的美國與和平奮起的中國，在國際舞台上共同競合。

只要自由、小康、多元的台灣爭氣，台灣就可以在大中華經濟圈中扮演「小而美」的角色。

二〇一二年一月十六日發表於《我們曾經輝煌》

60 佛里曼是位 Mankind Economist 面對科技劇變及信任落差

《謝謝你遲到了》（*Thank You for Being Late*），湯馬斯·佛里曼（Thomas L. Friedman）著，二〇一七年一月二十日，天下文化出版

面對科技劇變

廣受尊敬的《紐約時報》專欄作家佛里曼，終於在六月二十一到二十二日來到了台北做公開演講。七年前他接受馬總統邀請在總統府演講，暢論能源發展的選擇及影響，熱情地稱讚台灣：「你們沒有油井，但有腦礦，開發你們的腦力，會產生更大的生產力。」

這次演講他是深入淺出討論新著《謝謝你遲到了》。面對數位運用的瞬息萬變，自己還來不及適應手機上的社群互動、行動支付等等操作時，大數據、雲端、區塊鏈、AI等已經風起雲湧。不久前去北京，友人笑說：路邊乞丐討錢時，都要你用支付寶，我的好心竟無從表達。近月李開復博士在回母校哥倫比亞大學及台大畢業典禮演講，告訴年輕一代：人工智能（AI）發展及應用會比工業革命影響更深遠；甚至預測十年之內目前的工作會有一半可以被替代。對青壯年人來說，融入這個新世界，就能扮演新角色；否則就漸漸變成邊緣人。

再看看透過數位應用的商業模式，一些難以想像的變化，已融入歐美及大陸人民生活中（台灣在哪裡？）：臉書是全球最受歡迎的傳媒公司，沒有自己的「內容」；阿里巴巴集團是全球最有價值的網路零售商，沒有自己的「存貨」；Airbnb是全球最大的出租住宿空間供應者，沒有自己的「旅館」；大陸與新加坡的共享單車，掃描QR Code就可以隨借、隨騎、隨還。台灣面對這種生活的數位落差，佛里曼提醒現場聽眾：你們要快速地適應？還是漫不經心地旁觀？

這位《世界是平的》的作者，當然清楚，「世界不是很平的」、「全球化不是萬靈藥」，它產生了數位應用落差、能源替代落差……，終至惡化了國內的所得落差，國際的貧富落差。讀者應當進一步細讀他對「三M」——Market（市場．全球化）、Mother Nature（大自然．全球暖化）、Moore's Law全球（摩爾定律．科技劇變）的詳細討論。

衰退中的社會信任

我們必須向對台灣有好感的佛里曼，直說此刻的「信任」危機。本月初「群我倫理促進會」發表了「二〇一七台灣信任調查」，這個會是由當年經濟大臣李國鼎先生號召成立的。最新的調查警示：台灣人民「最不信任」的前五名，依次是記者、政府官員、民意代表、法官、總統（表一）。如果我們曾經驕傲地宣稱：台灣是第一個華人言論自由、法治民主的社會，那麼構建民主社會最重要的五塊基石在同一時空全部發生了動搖：民主之根在腐蝕、言論自由在濫用、政府效率在衰退、社會執法的公平性受到質疑、總統的權與責受到挑戰。

表一　二〇一七台灣「社會信任」調查

排序	最不信任	最信任
1	新聞記者	家人
2	政府官員	醫生
3	民意代表	中小學老師
4	法官	基層公務員
5	總統	警察

資料來源：群我倫理促進會，「二〇一七台灣社會信任」調查，二〇一七年六月發布

佛里曼在新書第十二章精闢地評述過「信任」的重要。引證他的話：「當人民『信任』彼此時，就更能調適並開放擁抱所有形式的多元主義，就會有長遠思考，人民更傾向於通力合作和實驗；對他人、新思想及新穎的方法敞開心胸；他們也不會浪費精力於調查每一個錯誤，他們不畏懼失敗。」這個看法與剛來台演講過的福山教授，在他名著《信任：社會美德與創造經濟繁榮》的論點前後呼應。

佛里曼的評言

在他與曼德鮑合著的《我們曾經輝煌》中，直指美國困境：政府權力傲慢、企業經營自滿、人民浪費、赤字難以控制、能源政策缺乏、政治運作失靈等等。五月下旬訪問北京後的專欄中，還盛讚大陸在數位應用方面的領先。這次來台他深刻感受到台灣的焦慮：「你們似乎失去了方向感。」綜合他的評論：

(1)道德說服力：當一國領袖的治理能力在世界各地都受到挑戰時，最需要的調整是：「執政者要少用手上掌握的權力，要多發揮道德說服力（moral authority）。在數位時代，說服社會大眾，遠比指揮幾個部長重要。」

(2)犯錯機會：在國際舞台及國內重大施政上，小國沒有犯錯的奢侈。面對資源貧乏，市場狹，人口少，國際連結弱時，要謹慎地評估每一個重大決策。台灣的地理無法改變，與左鄰右舍相處要好是應當的事。

(3)政府效率：西方世界的中央政府普遍有無力感，現在就靠中下層的州政府、地方政府、鄉村社區來發揮同舟共濟、彼此合作的精神。民主政治下的「觀點辯論」（make a point）很熱鬧，但常常於事無補，必須要設法取得共識，才能「產生實效」（make a difference）。

(4)終身學習：學校裡上的課以及取得的文憑，已經趕不上科技快速的變化。最需要學習的是要永遠擁有「學習的熱情」及「改變自己的決心」。「學習」與「改變」是科技當道年代中的最重要的競爭力。「過去」的輝煌經歷已不值錢，「未來」的潛力，才是人一生中最重要的「比較利益」。

(5)人類幸福：人類的最終幸福，還是來自於「己所不欲，勿施於人」的黃金法則——重視教育、家庭、社區三方面的自我成長及和諧相處，東西方的理念在追求幸福的軌道上是可以彼此相接的。

二〇一七年七月號《遠見》雜誌

附錄

㈠中文人名索引

11劃

12劃

(二)英文人名索引

• Mayer-Schönberger, Viktor　麥爾荀伯格　352

N

• Nye, Jr., Joseph S.　奈伊　9-101, 368

O

• Okun, Arthur　奧肯　80

P

• Peters, Thomas　畢德士　299
• Porter, Michael　波特　149, 196

R

• Reich, Robert B.　萊克　80

S

• Smith, Adam　亞當・斯密　50
• Snow, Edgar　斯諾　267
• Sturman, Dann　史特曼　356
• Summers, Lawrence H.　桑默斯　365

T

• Thurow, Lester　梭魯　360
• Trump, Donald　川普　93

V

• Vogel, Ezra　傅高義　340

Y

• Yonath, Ada　尤娜特　166

Z

• Zakaria, Fareed　札卡瑞亞　360

社會人文 BGB572A

學習：閱讀傑出人物

高希均 — 著

總編輯 — 吳佩穎
社文館副總編輯 — 郭昕詠
責任編輯 — 郭昕詠
校對 — 張彤華、陳佩伶、魏秋綢
封面設計 — 張議文
排版 — 簡單瑛設

國家圖書館出版品預行編目（CIP）資料

學習：閱讀傑出人物 / 高希均著 . -- 第三版 . -- 臺北市
: 遠見天下文化出版股份有限公司, 2024.2
面；14.8×21 公分 . --（社會人文；BGB572）
ISBN 978-626-355-560-0（精裝）

1.CST: 言論集

078 112019971

出版者 — 遠見天下文化出版股份有限公司
創辦人 — 高希均、王力行
遠見・天下文化・事業群榮譽董事長 — 高希均
遠見・天下文化・事業群董事長 — 王力行
天下文化社長 — 王力行
天下文化總經理 — 鄧瑋羚
國際事務開發部兼版權中心總監 — 潘欣
法律顧問 — 理律法律事務所陳長文律師
著作權顧問 — 魏啟翔律師
地址 — 台北市 104 松江路 93 巷 1 號 2 樓
讀者服務專線 — (02) 2662-0012 ｜傳真 — (02) 2662-0007；(02) 2662-0009
電子郵件信箱 — cwpc@cwgv.com.tw
直接郵撥帳號 — 1326703-6 號 遠見天下文化出版股份有限公司

製版廠 — 東豪印刷事業有限公司
印刷廠 — 富星彩色印刷設計股份有限公司
裝訂廠 — 精益裝訂股份有限公司
登記證 — 局版台業字第 2517 號
總經銷 — 大和書報圖書股份有限公司 電話／(02) 8990-2588
出版日期 — 2024 年 2 月 20 日第一版第 1 次印行
2024 年 7 月 23 日第三版第 3 次印行

定價 — NT 500 元
EAN — 4713510944509
電子書 ISBN —9786263555488 (PDF)；9786263555495 (EPUB)
書號 — BGB572A
天下文化官網 — bookzone.cwgv.com.tw